基础设施维护费用视角下地方政府性债务风险研究

A Study on Local Government Debt Risk
From the Perspective of Infrastructure Maintenance

万晓萌 著

中国财经出版传媒集团

经济科学出版社
Economic Science Press

·北京·

图书在版编目（CIP）数据

基础设施维护费用视角下地方政府性债务风险研究/万晓萌著 . ‐‐北京：经济科学出版社，2022.11

ISBN 978 ‐ 7 ‐ 5218 ‐ 4352 ‐ 1

Ⅰ.①基… Ⅱ.①万… Ⅲ.①地方政府－债务管理－风险管理－研究－中国 Ⅳ.①F812.7

中国版本图书馆 CIP 数据核字（2022）第 221873 号

责任编辑：宋 涛 姜思伊
责任校对：刘 昕
责任印制：范 艳

基础设施维护费用视角下地方政府性债务风险研究

万晓萌 著

经济科学出版社出版、发行 新华书店经销

社址：北京市海淀区阜成路甲 28 号 邮编：100142

总编部电话：010 ‐ 88191217 发行部电话：010 ‐ 88191522

网址：www.esp.com.cn

电子邮箱：esp@ esp.com.cn

天猫网店：经济科学出版社旗舰店

网址：http://jjkxcbs.tmall.com

北京季蜂印刷有限公司印装

710×1000 16 开 10.75 印张 155000 字

2022 年 11 月第 1 版 2022 年 11 月第 1 次印刷

ISBN 978 ‐ 7 ‐ 5218 ‐ 4352 ‐ 1 定价：45.00 元

（图书出现印装问题，本社负责调换。电话：010 ‐ 88191545）

（版权所有 侵权必究 打击盗版 举报热线：010 ‐ 88191661

QQ：2242791300 营销中心电话：010 ‐ 88191537

电子邮箱：dbts@ esp.com.cn）

前言

近年来，我国地方政府大规模举债，蕴藏了较高的债务风险。为降低债务风险，我国政府已经出台了一系列政策，以改善地方政府收支，保障支出能与其财力相匹配。该风险引起了社会各界的高度关注，许多专家学者对这个问题做出了广泛的研究，并得出了一些研究结论，笔者试图以"基础设施维护费用"这一学者未切入过的视角，重点探究地方政府债务风险的形成机理，充实以往的研究。

基础设施建设能够为人民生活提供最基本的物质条件，是城市与农村发展的基本保障，是地方经济发展的重要推动力。地方政府债务有相当一部分投入到基础设施建设中，维护费用是基础设施的保障支持，科学合理地对基础设施进行维护并不会产生风险。但在现实中，基础设施建设中的错配问题往往会导致地方政府债务风险。这是因为：当前，我国以经济建设为中心，GDP（国内生产总值）仍是中央政府对地方官员"政绩"的主要衡量指标，而维护费用的效用则很难量化，这促使地方政府基于自身利益对基础设施建设的重视程度远远高于对基础设施维护的重视程度，从而形成了基础设施建设支出对基础设施维护支出的"挤占效应"。短期内，维护费用覆盖率的不足所带来的负面影响可能不会充分体现出来，但长期的"重建轻养"便会给地方政府带来债务风险。维护费用不足会使基础设施使用寿命下降或错过最佳维护期而导致大规模超额维护费用支出或增加基础设施更新换代的频率，而我国预算并未容纳未来支出，基建项目重建可能会形成新的地方债，这就可能会引致地方债风险。

本书的写作目的并不是度量债务风险，而是从维护的视角帮助我们更好地理解债务风险形成的机理。同时，该视角也帮助我们审视了当前我国政府治理存在的两个潜在风险点。（1）地方债务的预算制度不健全，现有预算制度只监管了经常性支出，但缺乏资本支出控制和平衡，集中体现在基础设施维护上；（2）地方政府的政府治理激励存在问题，地方政府对基础设施建设和维护的跨期问题上动机扭曲。这两点是造成地方政府债务产生风险的根本原因。若从其他角度出发较难直接模拟跨期问题，因此基础设施维护费用成为观察地方政府治理的一个较好的切入点。

本书采用文献研究法、定性及定量分析法，从基础设施维护费用角度出发，研究地方政府债务风险。具体内容及章节安排如下：

第一部分：第一章提出本书的研究背景和意义，介绍本书的研究内容及方法，提出本书的研究思路以及创新之处；第二章则为本书的研究奠定了理论基础，通过对国内外地方政府债务风险的多种研究视角、成因、管理及危机、评估、实证，梳理了地方政府债务与基础设施建设关系、维护费用与基础设施投资关系的研究。

第二部分：第三章对我国地方政府债务风险现状、我国地方基础设施建设现状以及资金来源进行了分析，阐述了我国地方基础设施建设与地方政府债务风险的关系，进而分析了基础设施维护费用导致地方政府债务风险的路径，清晰地展示了基础设施维护费用的重要性。

第三部分：第四章从基础设施维护费用视角分析地方政府债务风险成因，建立跨期预算约束模型，对基础设施维护费用引致债务风险的传导路径进行分析，并对基础设施建设资金与维护费用的关系进行实证分析，对地方政府债务预算平衡进行实证分析。地方政府为了追求效益最大化，可能扩大举债规模支持地方基础设施建设，并出现"重建轻养"的问题，加剧地方政府债务风险。第五章描述了样本地区的地方政府债务，通过构建 KMV 预警模型，评估我国地方政府债务风险，结果表明我国地方债务仍然存在一定风险，需要合理把控，在得出基础设施维护费用与实际债务规模存在正相关关系之后，基于合理的债务规模，对基础设施维护费用视角下的债务规模风险进行了实证分析，并以样本地区的基础设施维护费比率为基础，对我国基础设施维护费用进行了演算性的估计。

第四部分：基于理论与实证分析，笔者提出了防范地方政府债务风险的建设性政策建议。包括完善地方政府举债制度、健全地方政府债务管理体系、实现基础设施建设与维护费用支出的合理配置以及创新地方基础设施建设投融资模式四个方面。

限于数据约束，并不能精确算出当下合理的维护费用比率。笔者认为，关系到国民经济发展的大事，一定不能忽略时代特征，针对基础设施建设、维护费用以及地方政府债务三者之间的关系，也一定要用发展的眼光提出动态指导建议。

目 录

第一章

绪　　论

第一节　研究背景与意义

一、研究背景

2013 年 9 月 6 日，国务院明确提出要加强城市基础设施建设，促进基础设施建设投融资体制改革。随着我国城镇化进程的加快，地方基础设施建设也得到迅速扩张。[①] 截至 2016 年末，我国城镇化率达到 57.35%，依据发达国家城镇化发展规律，30% ~ 70% 的城镇化率区间意味着城镇化进程进入了快速发展期，地方基础设施建设投入将逐步增大。随着我国地方基础设施建设规模的扩大，我国地方基础设施维护费用也逐渐增加。地方基础设施建设需要一定的基础设施维护费用，但过高的基础设施维护费用会造成基础设施投资资金的浪费，并加大地方政府债务资金压力，间接刺激地方政府债务规模以及风险的扩大。

2014 年 9 月，国务院要求加强地方政府债务管理，防控地方政府

---

① 中华人民共和国中央人民政府. 国务院关于加强城市基础设施建设的意见［R/OL］. (2013 – 09 – 16). http: //www. gov. cn/jrzg/2013 – 09/16/content_2489069. htm.

债务风险，建立健全配套制度。① 2016 年 1 月，财政部进一步加强了对地方政府债务的限额管理。② 截至 2016 年 1 月，我国共有 4 个省份及地区债务率超过全国人大常委会规定的债务率警戒线，辽宁省、贵州省、云南省以及内蒙古自治区债务率分别达到 197.47%、120.2%、111.23% 以及 104.7%，超过了 100% 的债务率警戒线，这意味着我国地方政府债务风险加大。③ 地方政府债务率不容乐观，如何降低地方政府债务风险成为实现经济稳态增长必须解决的问题。

二、研究意义

（一）理论意义

地方基础设施建设是指为人民生活以及社会生产提供基本社会条件、物质载体，保障其存在和发展的工程与服务的总和。它为人民生活提供了最基本的物质条件和公共设施，是城市与农村发展的基本保障，是地方经济发展的重要推动力。地方基础设施建设进程的加快，提升了基础设施维护费用水平，而维护费用配置的不合理，反过来又增加了地方基础设施建设资金压力，从而对地方政府资金配套提出了更高的要求。地方政府通过举债满足这一部分资金需求，从而债务规模和债务风险都被放大，因此急需从该视角切入对地方政府债务风险进行理论研究。

（二）现实意义

1. 有利于提高政府对基础设施建设维护的重视

2015 年 3 月，国家发改委等部门提出将基础设施建设放在优先发展的领域之内。④ 2016 年 3 月 5 日，国务院总理李克强在《政府工作

---

① 中华人民共和国财政部. 国务院关于加强地方政府性债务管理的意见 [R/OL]. (2014 - 10 - 08). http://www.mof.gov.cn/zhengwuxinxi/zhengcefabu/201410/t20141008_11463 74. htm.

② 中华人民共和国中央人民政府. 财政部关于对地方政府债务实行限额管理的实施意见 [R/OL]. (2015 - 12 - 21). http://www.gov.cn/gongbao/content/2016/content_5059103. htm.

③ 中国经济网 [2016 - 01 - 25]. http://district.ce.cn/newarea/roll/201601/25/t2016 0125_8526081. shtml.

④ 中华人民共和国商务部. 推动共建丝绸之路经济带和 21 世纪海上丝绸之路的愿景与行动 [N]. (2015 - 03). http://zhs.mofcom.gov.cn/article/xxfb/201503/20150300926644. shtml.

报告》中指出，"十三五"时期要重点加强基础设施建设，预计到 2020 年，实现 60% 的常住人口城镇化率、3 万公里的高铁营运里程、3 万公里的新建改建高速公路通车里程。① 在国家供给侧结构性改革的大背景下，健全的基础设施对改善民生和促进经济稳定增长都具有重要的作用。然而由于"重建轻养"问题的普遍性，一旦基础设施需要大规模维护或重建，杠杆效应将会导致风险迅速放大，本书从基础设施维护费用的角度指出，提升地方基础设施建设资金使用效率，合理配置地方基础设施维护费用，对缓解地方政府债务风险具有非常重要的现实意义。

2. 有利于进一步完善地方债务的预算制度

现有预算制度只监管了经常性支出，但缺乏资本支出控制和平衡。不健全的预算制度使得地方政府缺乏合理把控地方政府债务风险的尺度，地方政府债务的总量和风险会变得更不可控。硬化地方政府的预算约束，增加地方财政预算透明度，降低地方政府面临的期限错配的风险，避免风险过度集中在银行体系，从而降低系统性的金融风险。

3. 有利于完善地方政府治理激励机制

现有地方政府激励制度使得地方政府过分追求"GDP"政绩，忽视人民真正关心的效益，在基础设施建设和维护的跨期问题上动机扭曲。本书分析由于地方政府治理激励扭曲导致基础设施维护费用有缺口，进而带来地方政府债务风险敞口的路径，可知我国仍需进一步完善地方政府治理激励机制。

第二节 研究内容、方法与思路

一、研究内容

在大力发展城镇化的今天，政府主导的基础设施建设给地方政府

---

① 新华社. 政府工作报告 [R]. 中华人民共和国中央人民政府，（2017 – 03 – 16）. https：//www. gov. cn/guowuyuan/2017 – 03/16/content_5177940. htm.

带来了沉重的财政负担和债务压力，既不具有可持续性，也不利于释放民间资本的活力。在基础设施建设过程中，为了对基础设施进行必要的维护、更新以及改造，确保基础设施正常有效运营，必须使用一部分资金，也就是基础设施维护费用。由于我国长期存在"重建轻养"的问题，基础设施维护工作得不到应有的重视，会造成基础设施使用寿命缩短，从而加剧地方基础设施建设资金压力以及政府债务风险。

巨额地方政府债务以及庞大的基础设施建设投资和维护费用，使得我国地方政府面临着较大的债务风险。本书将以基础设施维护费用作为研究视角，以此来剖析地方政府债务中潜藏的风险，厘清政府职能，通过建立规范的政府债务融资渠道，大力发展同民间资本的合作关系，盘活社会资本，实现既能降低地方政府债务风险又能达到合理配置基础设施建设资金及维护费用的双重目的。

本书分析由于我国地方基础设施建设步伐加快、基础设施维护费用配置不合理所隐藏的潜在债务风险，并根据此类债务风险的特征提出相匹配的对策建议。具体内容包括：

（1）梳理国内外与地方政府债务风险、地方基础设施建设以及维护费用相关的研究成果，厘清地方政府债务风险与基础设施建设费用和维护费用三者之间的关系，引出本书研究方向。

（2）对我国地方政府债务及其风险、基础设施建设以及维护费用等情况进行现状分析。经过这些年的发展，我国地方政府债务规模也日趋庞大，债务资金的主要投向为基础设施建设，我国基础设施维护费用则存在着短缺和错配等问题。

（3）研究了基础设施维护费用引致债务风险的路径以及地方政府的举债动机。我国预算制度不完善且地方政府激励机制的评判标准单一，导致地方政府倾向于"重建轻养"，短时间内可能问题不大，但随着维护费用的不断积累，如果一旦面临基础设施严重损坏或者大规模重建，风险会瞬间放大。

（4）在跨期预算约束条件下，以基础设施维护费用为视角，对地方政府债务风险的成因进行了分析，并以两种效用函数为出发点，分析了地方政府的举债动机。为了降低地方政府债务风险，地方政府需要对基础设施费用做出结构性的调整，逐步增加基础设施维护费用，减少基础设施建设费用的投入，从而使得由基础设施投资引起的 GDP 增长点逐步向提供基础设施维护等服务性产业转变。

（5）对我国地方政府债务风险进行评估分析，确定地方政府债务规模的合理值与临界值，在此基础上分析了基础设施维护费用视角下的债务规模风险，并对全国基础设施维护费用进行了预估。我国大多数地方政府仍有一定的债务空间，但却存在着债务违约风险。基础设施维护费用不断累积会造成债务的结构性风险，增大地方政府债务压力。

（6）根据本书所研究的地方政府债务风险的特征提出相匹配的对策建议。包括完善地方政府举债制度、健全地方政府债务管理体系、实现基础设施建设与维护费用支出的合理配置以及创新地方基础设施建设投融资模式。

二、研究方法

本书的研究方法主要包括文献分析法、定性分析法以及定量分析法。

文献研究法：通过检索和整理多种文献信息，分析我国地方政府债务风险。

定性分析法：将基础设施维护费用作为债务风险研究的切入点，分析此类潜在风险的成因以及传导机制，并根据其特点提出与之相匹配的对策建议。

定量分析法：利用 KMV 模型，对地方政府债务风险的评估预警进行实证分析，并利用跨期预算约束模型、回归模型、效用最大化函数模型等，对基础设施维护费用视角下地方政府非理性投资建设行为进行分析，为缓解地方政府债务风险所提出的对策建议做支撑。

三、研究思路

地方政府债务是指地方各级政府机关、事业单位或其他组织，以政府的名义向国内或境外承诺或担保的、负有直接或间接偿还责任的债务。地方政府举债资金通常大部分用于基础设施建设，以此来保障居民经济生活的正常运转。基础设施建设归根结底属于投资，通过"乘数效应"作用可成倍提高社会需求和居民收入。可见一个国家的基础设施建设健全与否在很大程度上影响着国民经济的长期稳定发展。

健全的基础设施不仅为城市的发展提供了保障和动力，更是一地发展水平和文明程度的重要标志，是一座城市的名片。基础设施一旦损毁必须及时维修，否则必会对人民日常生活和社会正常运转造成严重的影响，甚至危及人民群众的生活和财产安全，影响城市形象。而我国长期以来存在着"重建轻养"的问题，即只重视基础设施建设，而忽视了基础设施维护，造成了基础设施维护费用配置不合理、基础设施维护费使用效率低下的问题。地方基础设施不能得到及时的维护，容易使其破损、甚至提前报废，大规模的重修或重建会加重地方基础设施建设压力。地方政府迫于这种压力，不得不通过举债来进行基础设施建设，进而增大债务风险水平。

第三节　可能的创新点与不足

一、可能的创新点

（一）研究视角独特

本书以基础设施维护费用为切入点，将基础设施建设及维护费用与地方政府债务一同进行分析，剖析潜在的地方政府债务风险。前人对以维护费用为视角开展地方政府债务风险的研究相对较少，因此这是一个较为新兴的研究视角和领域。

（二）研究方法具有创新性

本书采用规范与实证相结合的研究方法，创新性地构建了跨期预算约束模型和两种效用函数模型，从基础设施维护费用的视角对地方政府债务风险的形成机理进行理论分析，并运用 KMV 地方债务评估预警模型、基础设施维护费用和债务规模间的面板模型等对其做了一定的评估，为本书的理论分析提供相应的实证支撑。

（三）研究具有前沿性、前瞻性

随着我国地方基础设施建设规模的持续扩大，基础设施维护费用配置问题逐渐凸显，随之地方政府债务也存在相关的债务危机隐患。从基础设施维护费用的角度出发对地方政府债务进行相关的研究，能够提前防范各种可能的债务风险、有效规避地方债务危机，并且能够在合理配置基础设施维护费用以及提升基础设施资金使用效率等方面做出一定贡献。总体来讲，本书的研究具有前沿性、前瞻性。

二、不足之处

由于国内外较少以地方基础设施维护费用为视角研究地方政府债务风险，因此本书研究面临着许多难点，使得本书仍然存在着一些不足之处。首先，在笔者通过财政部进行的实地调研过程中，虽然与许多县（市）级地方政府进行协调获得了第一手资料，但还有部分地方政府不愿披露其债务相关数据，导致所选样本在代表性方面有所欠缺；其次本书在全国基础设施维护费用的估计上，以样本地区的基础设施维护费率为基准，粗略地估算了全国的情况，虽然可以大致看到基础设施维护费用的规模巨大，但随着研究的深入以及数据的丰富，可能会得到更加直接准确反映其规模的数据结果。

第四节　基本框架

本书的研究框架如图 1-1 所示。

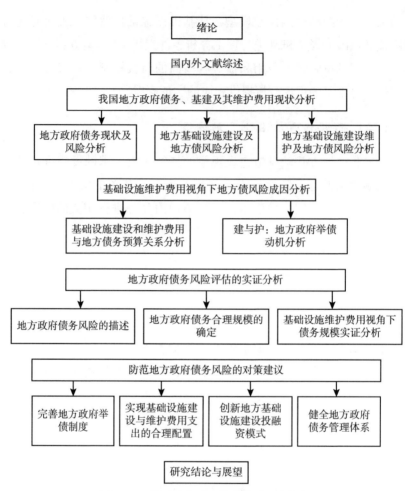

图 1－1　我国地方政府债务风险研究框架

第二章

文 献 综 述

第一节　国外文献综述

一、地方政府债务风险的多种研究视角

国外对地方政府债务的研究可以追溯到 20 世纪初，当时很多学者支持政府无为论，古典经济学派认为地方政府债务在形成时就意味着它将用于维持非生产性劳动，而不再用于维持生产性劳动，政府还债会加重国家和人民的负担，因此其代表人亚当·斯密极力反对借债。古典经济学派的李嘉图也认为地方政府债务对经济发展的作用甚微，并会造成债务风险，不倡议地方政府举债（黄健等，2018）。

不同于古典经济学派，凯恩斯学派认为地方政府举债是为了刺激经济发展、避免经济持续衰退的必然结果，并且举债支出能够促进社会财富的形成，政府应适度举债。美国经济学家勒纳认为预算平衡并不一定有利于经济的发展，政府举债不完全是为了达到预算平衡的目的，除了预算平衡，举债还可以实现其他目的，比如调节当地经济，因此地方政府举债是有益的。但过度举债也容易造成地方债务风险，因此许多学者提出要适度举债，即加强对地方政府债务的管理。柯里

和后藤（Currie and Togo，2003）从制度层面出发，强调防范风险的必要性，在风险发生之前采取措施，即必须加强政府债务管理的制度安排，根据 OECD 政府债务管理经验，应更加注重公共政策目标，在有关金融资产及债务管理方面加强制度建设，实现权力下放。

具体来说，国外对地方政府债务风险研究的视角较多，具有代表性的主要分为两个视角：一个是基于财政联邦理论框架的财政分权视角；另一个是基于财政失衡的预算软约束视角。

（一）基于财政联邦理论框架的财政分权视角

根据联邦财政理论，地方政府有一定的财政收入和支出的权力，对预算收支有一定的自主决策权。中央政府将财政自主权下放到地方政府，由多层级政府体系供给公共产品，比单一集中制更有效率。这时，如果地方政府支大于收，就产生了举债融资的需求。世界银行（2004）支持地方政府举债行为，主要原因有：①地方政府负责某些基础设施建设项目，为多代人所共享，只通过当代人的税收来解决项目融资问题有违代际公平原则，后代人应付出其使用公共建设的成本，可以举债的方式实现代际公平；②公共建设支出需要一定的成本，当政府选择向社会借债时，所付出的资金成本更低，资源损耗更少；③由于地方政府可能出现财政赤字，所以举债是平滑财政收支的政策手段；④地方政府以举债方式促进财政平衡，从而满足中央政府的财政预算要求。

波拉奇科娃（Polackova，1998）对政府或有负债进行了系统性研究，指出其可能导致隐性的债务风险，基于政府债务的公共风险，其提出政府债务管理的框架，她认为地方政府为了应对中央政府的财政预算约束，可能在预算之外从事大量财政活动，形成或有负债，积累隐性债务成本，扩大了地方债务风险。

（二）基于财政失衡的预算软约束视角

在基于联邦理论框架的财政分权视角下，地方政府依靠税收收入和举债资金来满足公共建设支出需求，由于收入与支出分权逻辑并不完全相同，并且不同地区经济要素不同，可能会造成区域财政失衡的现象。博德威（Boadway，2002）指出可以借助政府间转移支付来解决区域财政失衡的问题，但一旦政府产生严重的债务风险，只能由上级政府对其进行救助，由此产生了不同层级政府间的财政失衡问题，这会进一步造成预算软约束的问题。

麦金农和内奇巴（McKInnon and Nechyba，1997）认为中央政府为激励地方公共品建设，通常会对地方政府给予一定支持和援助，地方政府为了获取中央政府的扶持，倾向于举债扩大公共品建设；怀尔德森（Wildasin，1997）指出，由于地方政府存在对中央政府援助的预期，其通常倾向于大力建设本地公共产品，期待中央政府拨出款项来提供那些对其他地域有正外部性的公共产品资金。从预算软约束的视角来看，只要中央政府有强烈意愿救助地方，地方政府就倾向于更多地举债满足公共产品支出需求，但是否导致债务积累风险还需依政府债务管理制度、中央政府转移支付政策来定。

国外学者在研究地方政府债务时，无论是以财权事权还是以预算约束为视角，都是为了给地方政府债务成因寻找一个更恰当的切入点。前者侧重点是财权和事权的矛盾；后者侧重点是预算约束失衡与否的矛盾。

二、地方政府债务风险成因的研究

为了更好地分析债务风险，把握地方政府借债的"度"，因此国外很多研究集中于债务规模增加导致的风险以及隐性债务风险上。

（一）过度举债导致的风险

埃利斯和尚斯贝格（Ellis and Schansberg，1999）分析了州政府债务的来源及现状，发现有州政府债务规模可能与其人口数相关，人口增加可能造成州政府债务规模上升，超过一定限度时，就会导致风险；巴尔（Bahl，1993）研究表明具有财政实力的政府，通常具有更好的信誉，社会资金更愿意流入政府，但随着举债规模的增大，一旦出现收不抵支的现象，就有可能造成风险集聚；莱西娜（Alesina，1990）

的研究表明政府债务与官员竞选相关，当官员面临竞选时，为了获得更多的选票，举债进行公共建设成为官员拉选票的途径，这时政府可能积累大量的债务，官员在任期不及时偿还债务，在任期到期后，债务偿还就存在风险，债务风险因此积累；鲁比尼（Roubini，1989）与伊斯拉瓦（Eslava，2011）研究表明，由于国家存在众多不同的政党，每个党派的政治倾向不同，其对于政府债务、财政收支观念不同，政党决策矛盾可能会使得政府扩大债务，用于基础设施建设，造成风险上升；尼斯（Nice，1991）认为美国政府是否举债、举债规模与领导的决策观念相关，当政府领导整体思想趋于保守时，可能限制债务规模，但当其思想趋于自由时，容易扩大举债，而不顾所带来的后果；基维耶特（Kiewiet，1996）认为政府为了获得更多的现金，会利用金融工具对债务的法律进行规避，在满足了资金需求后，也进一步累积了债务风险。

（二）隐性债务风险

波拉奇科瓦（Polackova，1998）提出或有负债的概念，更新了理论界的认识，人们从新的概念入手，深入分析地方债务，将其分为显性和隐性债务。从表面上来看，地方政府债务规模可能在一定警戒线之内，但政府可能存在大量的隐性债务，不为外界所披露，从而造成风险积累，这种隐藏的风险不利于地方财政稳定发展；罗森（Rosen，1992）认为政府之所以存在隐性债务，是因为其预期未来会偿还一部分债务，这种预期往往造成了地方债务风险的不确定性；威廉（William，1999）通过财政风险矩阵表明，地方政府为了降低显性债务而增加隐性债务的方法是不可取的，并不能降低债务风险，反而可能增加债务风险。

国外学者在确定了地方政府债务风险分析的视角后，分析地方政府债务成因主要集中在债务规模和隐性债务两个方面。前者侧重强调债务规模增加对债务风险具有非线性促进的影响；后者侧重强调隐性债务会加剧地方政府债务风险的不确定性。

三、地方政府债务管理及危机研究

（一）地方政府债务规模的控制

达夫隆（Dafflon，2010）认为通常一国可能存在税收扭曲的现象，对房产等征税会影响到地方债务，为了控制地方政府债务规模，应当合理征税，调节政府财政收支；莱因哈特等（Reinhart et al.，2012）指出政府债务增加不仅可能增加风险，还可能对私人长期投资产生净挤出效应，对经济增长有负向作用，因此需要控制地方债务规模；格拉斯和埃尔南德斯（Gras and Hernandez，2014）研究了西班牙政府债务规模，他发现政府内控是一个非常重要的因素，当政府具有良好的内控机制时，其债务规模往往较小，而当政府内控薄弱，控制债务能力较差时，可能面临较高的债务风险，必须进一步加强内部控制，约束举债；福克和基利恩（Faulk and Killian，2016）对地方政府债务限额进行研究，通过考察印第安纳州、密歇根州、俄亥俄州以及威斯康星州的债务情况，发现政府债务情况与当地的人口、所处区域、财政等因素相关，政府债务限额的推出，对地方政府债务水平有一定控制作用，有利于防范地方政府债务风险。

阿尔特（Alt，1994）与特劳特曼（Trautman，1995）则认为法律是一国应对政府债务风险的武器，应充分重视法律建设，利用法律规范债务定义、举债条件等，严格控制不同区域政府举债额度；马爹利和格斯（Martell and Guess，2006）对印度尼西亚、墨西哥、菲律宾、波兰和南非的政府债务融资系统进行研究，认为发展中国家以及转型国家的政府债务融资系统与信用市场发展、金融机构的风险评估能力、借款者的还款能力相关，政府债务规模取决于融资系统的发展程度，应不断完善融资系统发展程度，适度举债，防范风险；秦等（Qin et al.，2016）基于 ADL 模型对美国地方政府债务规模进行研究，发现美国政府债务规模与通货膨胀预期以及经济发展周期相关，应协调通货膨胀预期与政府债务规模之间的均衡关系，避免政府债务的爆炸式增长，从而保障经济稳定运行。

（二） 地方政府债务管理模式

普列汉诺夫和辛格（Plehanov and Singh，2006）采用面板回归方法，寻找最优债务管理模式，为地方政府提供参考，研究表明所有的债务管理模式都存在一定瑕疵，没有最好的解决方案，债务管理模式的效果依赖于财政体制等因素，只有不断优化政府债务管理，才能最大限度防范政府债务风险；达夫龙（2010）认为限制政府举债并不是加强债务管理的最好办法，只有利用政府预算，使政府主动去减少借债，才能有效规避风险；巴斯蒂达和贝埃尔（Bastida and Beyaert，2013）对西班牙选举活动与政府债务之间的关系进行研究，发现选举周期影响人均政府债务，无论是否富裕，市政府均有较高水平的人均负债，为降低高负债带来的负面影响，西班牙采取预算稳定法管理债务，这种办法在一定时段内削弱了其他因素的影响，增强了债务稳定性，并防范了债务波动风险。

瓦斯瓦利（Vasvári，2013）对地方政府债务管理进行研究，通过对政府2004年至2010年间债务管理的分析，发现预算赤字是政府寻求新债务的刺激因素之一，如果政府没有形成良好的收支纪律，只能依靠债务补缺，则容易扩散债务风险；刘等（Liu et al.，2016）对地方政府融资平台进行研究，发现银行以新换旧的债务重组可能削弱银行的整体债务价值，不能降低债务风险，而监管干预、公平的市场交易等措施能够推动地方政府融资平台与银行合作，强化政府债务管理力度。

（三） 对地方政府债务危机的处置与教训

迪琳杰（Dillinger，1998）指出，地方政府之所以面临债务危机，与一国预算体制相关，如果上级政府总是为地方政府提供资金，无论是以支援的名义，还是以借款的名义，都会促使地方政府忽略预算约束，借债动机加强，因此，应首先加强对地方政府财政管理，降低对其援助的次数与程度；巴拉格科尔和普赖尔（Balaguercoll and Prior，2015）研究了2007年西班牙的政治经济状况，在危机过后，居民收入的下降使得政府在借相同规模资金时面临更高的成本，资金来源减少，不利于政府偿还已有债务；克拉克（Clarke，2016）分析了政府投融资平台的运行机制，发现地方政府利用此类平台获取现金，通过对地方债券等融资工具的运用，盘活资金，但涉及一定的法律风险，政府的承诺缺乏强有力的担保，一旦发生债务危机，将会产生非常不利的影响。

国外学者在分析了地方政府债务成因后，发现不但需要合理控制地方政府债务的规模，优化地方政府债务管理体系，而且需要吸收其他国家在地方政府债务危机爆发时的经验教训。

四、地方政府债务与基础设施建设关系的研究

一般而言，政府举债具有特定支出方向，学者主要研究了地方政府债务资金的投向和基础设施建设的融资来源。科米尔（Comrie，2014）认为地方政府债务资金主要用于地方基础设施建设，根据代际公平理论，后代人享用当代建设的公共产品，需要支付一定的成本，但通常情况下，公共建设依赖于当代人的税收，只有当代人付出了成本，并且超出了其所应当负担的部分，这时，地方政府如果举债进行公共建设，那么就相当于提前向后代人筹集资金，使其付出了应承担的部分；佩恩和恩里科斯（Koppenjan and Enserink，2009）认为城镇化速度的加快对政府维护和运营公共基础设施增加了压力，在公共部门主导基础设施建设的基础上，可以引入私人部门，通过私人部门参与基础设施项目来减缓基础设施压力，维持城市环境的可持续性，这就降低了地方政府债务资金需求；盖拉塔和莱诺（Gawlitta and Kleinow，2015）对欧盟基础设施债券基金进行研究，地方政府以发行债券的方式，为地方基础设施建设筹集资金，为地区发展提供金融支持的作用。

从财政分权角度来看，随着中央政府权力和责任的逐渐下放，地方政府需要对财政收支负责，如果基础设施建设资金需求超出了政府所能负担的程度，政府只能寻求其他方法融资，遂举债融入的这部分超出了财政收入的资金需求。伯德（Bird，1992）指出在城镇化建设不断加快的过程中，基础设施建设规模扩大，但由于财政分权下规模经济、税收优惠等因素的存在，地方政府税收可能受限，而公共服务收

入、行政规费的上升也十分有限，这就使得财政收入无法匹配基础设施建设支出需求，政府必须另寻他路来扭转自身的赤字；德梅洛（de Mello，2000）认为地方政府倾向于通过举债的形式来缓解因财政分权增大而造成的地方基础设施建设支出压力。

从预算软约束视角来看，由于中央政府往往倾向于救助地方政府，发挥公共产品的正外部性，因此地方政府可能扩大举债规模，放大债务风险。达夫龙（2010）认为中央政府的转移支付造成了预算软约束的问题，地方政府财政决策容易因此而扭曲，造成长期基建投资的预算失衡，而这时只能通过发债来缓解预算失衡的问题，并吸引中央政府的补贴与救助。

国外学者在分析地方政府债务时往往借助基础设施建设，这主要是因为地方政府举债主要是为了满足基础设施建设资金需求以及获取政府补贴，而随着基础设施建设规模的扩大，基础设施建设资金来源除了财政收入，很大一部分也来自地方政府债务。无论是从代际公平理论来讲，还是从财政分权角度来讲，地方政府仅用财政收入无法满足日益增长的基础设施建设资金需求，这就会刺激地方政府大幅举债，来支持地方基础设施建设。再加上预算软约束的问题，财政失衡又进一步刺激了地方政府举债行为，从而造成地方政府债务风险的积累。

五、维护费用与基础设施投资关系的研究

早在 20 世纪 90 年代末，世界银行就关注了基础设施领域的一系列问题，其对多个国家基础设施建设及其维护进行研究，发现基础设施建设对经济发展具有重要的影响，而维护在基建过程中发挥着巨大的作用。很多国家只注重基础设施建设，却忽视了对其的维护。维护的不到位、维护费用支出不足都使得基础设施提前损坏，损害了其为社会公众服务的能力，无法达到预先设定的使用强度与程度，长此以往，将会给国家造成巨大损失。然而，世界银行的研究并未引起大范围的关注，只有少部分学者开始深入研究基础设施维护费用的配置。

德瓦拉扬等（Devarajan et al.，1996）研究了多个国家的基础设施

建设以及经济发展问题，涉及维护费用的研究。研究发现基础设施建设影响国家经济发展，而在公共建设当中，通常涉及两项不同的支出，一项支出通常用于建设新的基础设施，另一项支出通常用于维修、护理已有的基础设施，这两项支出构成了公共建设的基本开支。通过对日常资金配置的分析，他们发现用于建设新的基础设施的资金如果无限量增长，可能反而对经济造成负面影响；而用于维修、护理已有基础设施的资金的增长，对经济的促进作用是长期的。很多国家并没有意识到这一点，因此，资金配置通常不尽合理，资源遭到了浪费。

在这些研究之后，里奥哈（Rioja，2003）结合基建投资与 GDP，直接对基础设施维护进行了分析，考察了基础设施投资与维护费用之间的关系。通过构建模型，他发现一国基建投资与 GDP 具有显著相关性，而基建投资的具体分配方式对 GDP 具有不同的影响。基建投资通常分为对新建基础设施项目的投资和对现存基础设施项目的投资，前者是为了扩大基础设施规模，后者是为了维护已有的基础设施。研究结果表明，被观察国基建投资占 GDP 的 6%，为了维护已有基础设施而付出的资金仍然没有达到最优，该部分资金上升 1% 后，可能达到最优配置状态。在他的研究当中，强调了对现存基础设施项目投资的重要性，也就是说基础设施维护不仅对基础设施的长期使用，还对一国 GDP 会产生重要的影响。而基础设施维护与新建设施的资金分配，涉及资金使用效率，更影响到一国经济发展。

在有学者涉足基础设施维护对基础设施使用效率的分析之后，一些人开始研究如何降低基础设施维护成本，以实现基础设施建设的最优化。惠特和史密斯（Wheat and Smith，2008）运用计量经济学的方法估算了英国铁路轨道的边际维护成本，对英国铁路轨道的维护费用进行研究，提出应加快服务模式的改革，以达到边际维护成本最小的目的；吴和林（Ng and Lin，2009）指出定期维护基础设施是保障交通运输体系安全高效运转的关键，并提出了维护规划问题的决策模型，最大限度地减少长期维护成本；奥多林斯基和史密斯（Odolinski and Smith，2014）对 1999～2011 年瑞典铁路维护费用的相关数据进行分析，指出公共基础设施建设的竞争性招标形式有助于降低其维护费用及相关成本；利登和约伯恩（Lidén and Joborn，2016）评估了瑞典政府为完成铁路基础设施维护任务所引入的交通维护窗口，从维护成本和交通需求边际效应出发，对其成本效益进行分析，指出国家应平衡交通维护支出。

国外学者在引入基础设施建设辅助分析地方政府债务时发现，基础设施建设与基础设施的维护两者之间密不可分，忽视基础设施维护问题可能造成非常不利的后果，不仅是对基础设施本身，还会对经济发展产生负面影响。这是对已有研究的创新，基础设施维护问题慢慢出现在各种研究当中。然而国外针对该问题的研究仍然存在很多局限性，只是将研究重心放在如何降低维护成本等，未深入剖析维护费用的不合理配置可能引致地方政府债务风险。

第二节　国内文献综述

一、地方政府债务风险的多种研究视角

对地方政府债务风险进行研究，首先要选取一个视角，从视角切入来分析债务成因、风险的形成机理以及应对措施。国内研究多集中于公共产品视角以及财政分权视角。

（一）公共产品视角

刘尚希（2004）对"公共风险"进行了深入的阐述，他指出从公共产品视角来看，债务风险不是技术范畴，而是社会范畴的问题。刘尚希通过权衡政府掌握的公共资源以及需要提供的公共支出责任两个方面对地方政府债务风险进行评估，分别从法律责任以及确定性程度两个角度指定政府的公共支出责任和义务。刘尚希提出通过控制公共风险的途径化解地方政府债务风险，并建立相应机制提高政府的抗风险能力。

孙丽华（2015）提出市场是经济运行的大环境，因此政府有责任

和义务去弥补类似外部性、信息不对称等市场失灵的情况；同时由于市场的非排他性和非竞争性，使得市场提供公共产品的效率十分低下，需要政府代替市场来提供公共产品和公共服务。根据斯蒂格利茨的观点，公共产品是特定区域的消费者消费特定地理位置的公共产品，而非广义的公共产品，因此地方政府承担了该区域公共产品建设的责任与义务。当地方财政收入不足以覆盖公共产品支出，又没有相应足够的公共产品收入时，政府的举债意愿会强烈上升，随着公共产品需求增加，地方政府债务风险也在积聚。

由于地方的资源禀赋以及消费者能力具有很大差异，很难提供标准化的公共产品；考虑到公共产品在使用年限上的长久性，以及政府间信息不对称问题，财权分配成为解决问题的关键点，不合理的分配机制会成为防范政府债务风险的绊脚石。

（二）财政分权视角

公共产品视角的研究中，学者们发现合理的配置财权对地方政府债务的使用效率具有重要的作用。财政分权的研究表明多层次政府提供基础设施产品，相比单一中央政府提供基础设施产品效率更高。

由于市场经济天生具有市场失灵的缺陷，需要政府主动提供基础设施产品来实现资源配置的公平和效率。刘尚希（2002）提出政府对市场失灵的弥补实质上是一种让基础设施产品依附于私人产品的行为，最终会导致基础设施产品的总体缺位状态，表现为基础设施服务不足，弱势群体的公共服务覆盖率低。如果采取多级政府的格局，而地方政府又没有独立的财政支出，那就会限制一个地区的基础设施产品供给情况。基于此，很多国家采取财政分权的模式，调动地方政府提供基础设施产品的积极性，改善市场失灵情况下基础设施这类公共产品供给不足问题。

很多学者从财政分权视角切入，来剖析地方债风险。潘俊（2016）通过2010～2012年的省级数据检验，研究了财政分权、财政透明度等因素与政府融资之间的关系。结果表明，政府融资会受到财政机制的影响，不同的财政机制对应着不同的融资倾向，财政分权可能造成政府债务风险增加，而财政透明度对融资规模和融资风险则是负相关。王杰茹（2016）的实证分析表明提高收入分权、降低支出分权能够缓解财政不均的问题，有助于降低地方政府债务水平，防范债务风险。龚强（2011）提出包括中国在内的转型经济国家地方政府具有财政支出压力，而这与财政分权息息相关。他指出对财政过度支出问题原因的解释主要分为两类：（1）财政分权不当。一方面魏如宁（2004）认为由于财政分权存在的不对称问题，导致地方政府需要通过融资平台举债投资建设；另一方面，姚洋（2003）认为因为财政分权缺乏透明度以及相应的法律保障，形成地方政府和中央政府相互争夺财权，又相互推诿事权的局面，引致公共物品供给失衡以及地方政府的过度支出。（2）郑华（2011）认为政府自上而下的攫取资源导致地方政府预算被突破，形成大量"土地财政"和隐性债务，累积了地方政府还债隐患。

国内学者在研究地方政府债务时的视角主要是公共产品视角以及财政分权视角，与国外学者类似同样是选择合适的着眼点来分析地方政府债务风险的成因。前者侧重将地方政府债务归纳为一种社会范畴，后者侧重分析财权与事权之间的矛盾。

二、地方政府债务风险成因的研究

20 世纪 90 年代后期，许多学者开始关注是什么因素导致或影响地方政府债务风险，这对于控制地方债风险具有重要意义。由于地方政府财政出现较为严重的困难，相关研究也开始加快，并不断深入。

通过对政府预算机制的分析，一些学者发现地方政府债务风险可能与预算软约束相关。马俊和刘亚平（2005）利用预算软约束理论，分析了政府行为与地方债风险的关系，当政府自行负责财政收支，又面临着巨大政绩压力时，通常倾向于扩大举债规模，容易忽视偿还风险，虽然可能取得较好的政绩，但却留下了债务隐患；贾康（2010）研究发现我国地方债务激增，与政策错配有关，中央和地方不能很好地协调扩张性政策，政策错配刺激地方债务不合理增长，形成风险隐患；类承曜（2011）指出地方政府面临债务风险，与政府举债机制相关，国家没有明确的约束机制，放纵了地方政府行为，再加上举债除了资金成本，还有负外部影响，加剧了债务风险；莫兰琼、陶凌云（2012）深入分析了政府软预算现象，从中央政府、金融及人大三个角度出发，分析这三方面预算软约束问题是形成地方政府债务风险的成因。

随着城镇化建设进程加快，地方基础设施投资规模不断扩大，地方政府资金需求相应增加，举债扩建成为趋势，地方政府盲目举债成为引致债务风险的原因。汪辰辰（2014）认为经济发展速度的不断加快，致使地方政府的引资需求不断加大，地方政府财政收入的增加跟不上其投资扩张增长的速度，因此造成了地方政府大规模举债建设的现象，但没有考虑其财力是否能承担巨额债务，盲目举债决策增加了政府债务风险；郝淑萍（2015）分析了形成高额地方政府债务规模的原因，指出地方政府借助融资平台积累债务，这增加了日后还债风险；张曾莲、王艳冰（2016）通过地方债务的实证分析，发现政府为了扩大政绩，倾向于多举债，与土地财政相关的利益，也驱动政府举债，城市基础设施建设融资需求是推动地方政府债务规模不断扩大的重要原因。

冯锦军、谷娟（2014）从社会经济学角度出发，提出地方政府也能够应用"经济人"假设，因为特殊的社会文化背景以及信息不对称等因素，容易产生地方政府债务风险；王俊（2015）指出地方政府债务风险成因在于财政体制的不完善、金融体制的缺陷性、部分政治体制扭曲以及宏观政策因素等；范海敏（2016）对江苏省政府性债务风险进行了深入的分析，发现分税制改革等因素是形成债务风险的成因。

国内学者在对地方政府债务风险成因方面的分析较国外学者来说更具有多样性，既包括债务的规模和隐性债务方面的原因；同样包括随着中国经济、政策不断改革过程中所呈现出的具有一定时态特征的风险成因，比如城镇化建设中体现的盲目举债等问题，以及分税制改革等政策推进对地方政府债务的促进。

三、地方政府债务风险的实证研究

自20世纪末，我国开始意识到债务风险的危机性，很多人从政府债务风险角度对地方政府债务规模的适度性进行了研究。布莱克和舒尔斯（Black and Scholes，1973）建立的期权定价模型可以说是为后人的研究奠定了基石，韩立岩等（2003）对 KMV 模型进行了改进，将地方财政收入引入到该模型中，提出了新的计算政府发债规模的上限方法，张旭等（2011）提出在对地方债务进行分析时，需要区分必需的变量以及可行的变量；杨胜刚（2011）采用 GA - PSO 混合规划算法，分析了政府应适度举债的"度"的范围；高佳文（2016）使用 KMV 模型推导出绍兴市地方政府债务规模的两种变量。除此之外，摩根大通构建了 Credit - Var 模型、BP 神经网络模型量化评估地方政府债务的信用风险状况。在所有评估地方政府债务风险的模型中，KMV 模型应用范围最广，因为其对数据的要求较低，且效果最好。

地方债务风险影响着政府治理、金融市场甚至是一国经济的发展，很多学者对地方政府债务的可持续性进行了研究。匡小平（2004）利用实证方法来探究如何实现财政持续，通过对税收、GDP 等数据的分析，发现在财政支出与 GDP 比值一定的情况下，可根据一定负债率所对应的税收与 GDP 的比值，来判断政府债务风险；刘立峰（2009）、尹恒（2008）、伏润民等（2012）、眭党臣（2013）等对我国地方政府债务的可持续性进行了研究；阮佩婷（2013）采用因子分析法，分析某地方政府债务风险，发现其随年份不同而波动，对于存在严重风险的年份，为把控风险，地方政府应适度融资；李秋婵（2015）结合我国地方债务实情，拓展了传统的跨期预算方程，将债务的期限结构纳入跨期预算约束方程中；范剑勇、莫家伟（2014）通过构建工业投资者—地方政府模型，指出地方政府债务通过基础设施建设吸引工业投资，过度举债容易加剧债务风险。

四、地方政府债务风险评估及管理的研究

为了更好地分析并防范债务风险，对其进行评估与测度是必要前提，只有了解地方政府债务风险的特点，明确其状态，才能对其进行管理和控制。

（一）地方政府债务风险评估

在评估风险之前，首先要确定方法，国内已经有了较为丰富的成果，对评估风险的指标、操作方法等都有了一定的认识与积累。在对地方政府债务风险评估过程中，评价指标非常关键，使用不同的评价指标，可能得到不同的结果。刘尚希（2012）从可持续角度出发，测度我国地方政府债务压力，结果表明地方债务风险仍然可控，但压力不断增强；刘昊、刘志彪（2013）认为我国地方政府债务面临着一系列风险，主要包括现实的、潜在的以及引致的风险三个方面，他们对地方政府债务风险进行评估时，发现风险较为集中，需要引起足够的重视。

庞晓波、李丹（2015）对我国地方政府债务风险进行评估与测度，当时他们预计2019～2022年可能成为地方政府债务风险爆发集中期，影响经济持续稳定的发展；朱文蔚、陈勇（2015）基于因子分析法，综合评估了我国30个省份的政府债务风险，指出我国地方政府债务风险总体可控，但仍然存在着高风险区域，地方政府应完善风险预警机制，严格把控地方政府债务风险；马德功、马敏捷（2015）以四川省为研究对象，构建KMV模型，对债务风险进行评估预警，得出四川省地方政府债务风险可控，2014年未出现违约风险；刁伟涛（2016）对我国"十三五"期间的地方政府债务风险进行估算，指出到2020年我国地方政府负债率在21.79%～25.19%，政府债务流动性风险较强，需要采取一定的措施缓解偿债压力；卢馨、欧阳渺（2016）从财务角度出发，依据财务报表，确立风险评价指标，发现我国东部地区政府债务风险处在可控区间，发生债务危机的可能性较小，但部分地区应注意防范土地财政危机，同时有效控制地方政府举债规模。

（二）地方政府债务管理

于海峰（2010）、马洪范（2010）等学者研究发现，在金融危机之后，债务管理再次成为研究的焦点。具体表现在四个方面：统一的地方债务管理体系、规范政府行为从而约束其过度举债、建立债务风险防范机制从而有效化解当前债务风险、推进体制改革作为治本之道；

徐进前、王珊珊（2011）对国外地方政府债务管理经验进行了总结，从中得到启示，对加强我国地方政府债务管理提出了建议，主要包括防范债务规模无限膨胀、建立政府偿债准备金制度、促进地方债券市场发展、提高债务信息透明度、完善地方法律法规等；薛军、闻勇（2015）认为我国地方政府债务压力逐年加大，债务管理仍然存在很多问题，需要借鉴国外债务管理先进经验，促进国内地方政府债务管理从以行政干预为主向规则控制为主的转变，并不断加强债务资金风险管理。

一些学者认为我国地方政府债务存在一定风险，需要结合其成因以及现有问题来分析。李永刚（2011）深入剖析了政府层级分工，从政府自身角度出发，现阶段其仍然面临债务风险；刘蓉和黄洪（2012）指出，我国不应该放松对地方政府债务风险管理的警惕，总体风险可控不意味着个体风险可控，如果放松对地方政府债务的管制，当个体风险失控，影响到整体风险，就会使债务风险蔓延，造成巨大的损失，因此我国应汲取发达国家经验，剖析本质、防范风险。李虎（2013）认为地方债务规模的增加，使得地方政府必须进一步加强地方政府债务管理，政府债务管理仍然存在很多问题，包括法律制度不完善、债务资金脱离财政预算、投资项目监管不力等，为提高地方政府债务管理水平，我国政府官员应加强控制债务风险的意识，发挥主观能动性。

还有一些学者从财务以及债务历史角度来探索地方政府债务管理的方法。余逸蕙（2014）从审计的专业角度出发，对我国地方政府债务管理进行分析，认为地方政府应从资金筹集和资金使用两个关键点入手，找出债务审计重点，通过审计方法提高债务管理效率；陈志斌、陈颖超（2016）研究了地方政府债务管理当中会计信息所起到的作用，结果发现政府会计往往透露了大量隐藏信息，能够暴露政府问题，在政府防范债务风险中发挥积极作用；武云（2015）对广东省地方政府债务的历史演变进行了分析，指出民主革命历史是举债成因之一，举债用于军费支出以及金融建设等方面，应借鉴地方政府债务历史经验加强地方政府债务管理；尹启华、陈志斌（2016）通过研究政府治理机制，发现政府债务的普遍特征，指出政府应加强制度建设、确立问责机制、平衡政企关系、合理分配财权及事权、促进地方债务信息公开透明等建议。

国内学者在对地方政府债务风险研究中，建立了地方政府债务评估模型以及地方政府债务风险管理体系。对于地方政府债务风险问题既要清晰认识风险的所在以及风险的程度，又要建立合理的风险管理体系。

五、地方政府债务与基础设施建设关系的研究

刘毅（2015）指出基础设施建设的资金来源中，地方政府债务占了很大比重。日益增长的基础设施建设资金需求，促使地方政府创新其投融资方式，增大了地方政府债务规模。徐俊（2007）认为基础建设的资金来源主要分为两种，一种来源为财政收入、地方债务等，另一种来源为基础设施特许权（Build Operate Transfer，BOT）、资产证券化融资模式（Asset Backed Securitization，ABS）等创新融资模式，依靠地方政府举债是基础设施投融资的重要渠道；曾伟、郑汉金（2012）指出我国中小城市发展速度的加快，使得城市基础设施建设资金需求增大，中小城市政府可以以政府信用为依托，构建基础设施投融资平台，帮助地方政府举债，以创新发展模式加快中小城市基础设施建设。

基础设施投融资平台市场化程度不高，由地方政府来主导，资金效率使用低下，问题慢慢显现出来。王晓曦（2010）认为地方政府设立投融资平台，为基础设施建设筹集资金，却成为其变相举债的途径，由于平台由地方政府来运作，市场化程度低，所以存在很多问题，这些问题会导致地方政府面临较大的风险；封北麟（2010）指出国家财政分权后，地方政府缺乏完善的预算以及财政收支制度，基础设施建设造成了地方财政支出压力，一方面，地方政府通过举债满足地方扩建需求；另一方面，基础设施投融资平台没有得到很好的管理，政府忽视了债务治理，导致债务风险积累。

国内学者研究表明，地方政府债务在基础设施建设资金中占有举足轻重的地位。中国在40多年的改革开放过程中，基础设施规模的飞

速增长，使得其与地方政府债务之间的关系异常紧密，甚至为此产生了地方政府融资平台。基础设施建设规模的扩大，需要大量资金支持，地方政府财政收入无法完全满足时，就需要不断借债筹资。基础设施建设融资模式的创新，一方面为其融入了巨大的现金流；另一方面体制的不完善，给地方政府带来了很大债务风险，造成风险累积。

六、维护费用与基础设施投资关系的研究

我国的经济理论工作者对地方基础设施维护费用与基础设施投资关系的研究同样较少，有关维护费用的文献大多是对特定领域的某些基础设施工程项目的研究。这主要是因为基础设施项目过于庞杂，并且其维护费用没有特定部门进行汇总，有很多基础设施维护费用的实际花费也很难得到有效的统计。

一些学者在对基础设施维护费用研究中，指出了基础设施维护对基础设施使用年限以及效率具有至关重要的作用。冯晓（2002）系统地研究和分析了我国地方公路养护管理中存在的问题，并指出公路养护关系到公路的使用年限和使用效率，必须改革地方公路养护管理体制，针对我国公路养护管理体制的现状以及存在的主要问题，需要进行管理体制改革、内部运行机制改革，明确改革的实施方案、地方公路的资金来源、融资策略等。

由于基础设施的维护费工作是基础设施建设项目顺利运营的有力保障，因此基础设施的建设资金和维护资金之间的合理匹配就显得尤为重要，但我国学者仅从维护费用单一角度出发，指出现阶段存在高额维护费用使用效率低下的问题，加大了政府财政压力。董彦国、程进升（2014）对城市基础设施运营维护机制进行了研究，他认为城市基础设施运营维护任务不断加重，带来了高额的维护费用，加大了地方政府的财政压力，为解决城市基础设施高额维护费用问题，石家庄市尝试推出政府购买服务，促进基础设施运营维护市场化，以此节省基础设施维护费用；侯坤（2015）在对大理古城征收维护费用的研究中认为，如果不能合理规划各项支出和细节花费，维护工作就很难持续进行下去，也就很容易导致景区的变相涨价，游客有义务承担

景区的维护费，但是一定要做到账目清晰，切忌将维护工程做成一笔不明不白的糊涂账，可见连一个著名景区的维护费用都很难做到清晰透明，就更不要说中国整个庞杂的基础设施维护体系；汤澄（2016）认为我国城市化进程不断加快，城市基础设施建设规模不断扩张，提高市政设施的维护效率成为构建现代化城市的必然要求，政府应不断加强市政设施维护管理，提高维护费资金使用效率，打造新型文明城市。

针对维护费用使用效率低下的问题，一些学者从产生维护费用的原因入手，分析了影响维护费用的因素。丁书波（2011）在对电网的维护费用影响因素和使用效率的研究中指出，电网维护费的影响因素主要有线路维护费用大幅增长、农村电网改造后的维修及折旧问题，维护费收不抵支的被动性状况主要表现为维护费少影响设备维修、农电管理后劲不足。提高维护费使用效率、要采取有偿服务提高农电工待遇、构建电力资产安全防护的城墙、进行财产保险，增强企业抵御风险的能力；陈勋（2013）针对高速铁路基础设施维护管理，提出把工务、电务、供电相结合的"三位一体"模式，研究了该模式形成的原因，结合沪宁铁路说明了该模式的优越性，通过提升维护费用使用效率，能够延长基础设施使用寿命。

国内对维护费用的研究主要集中在单一角度，仅强调其对基础设施运营所造成的影响，大多从维护本身入手，来分析如何降低维护费用，并未从深层次上挖掘维护费用与基础设施投资之间的关系。我国在现阶段更看重基础设施存量的快速增长对区域经济的拉动作用，而对基础设施的维护大多停留在技术层面，对于基础设施维护费用支出不合理造成的负面影响关注不够。通过相关文献研究，我们不难发现，对基础设施维护费用的研究大多针对公路、铁路、电网等大规模基础设施。不过在对这些大规模的基础设施维护费用的研究上可知，维护费用在我国普遍存在收不抵支的现象，既说明了基础设施维护费用的额度巨大，也说明了维护费用管理的低效率问题。

第三节　对地方政府债务风险研究成果的评价

通过文献梳理我们发现，国内外对地方政府债务的风险成因分析以及债务管理等领域的研究相对比较成熟，抛开已有的对地方政府债务研究的视角外，还存在其他的潜在风险点，维护费用就是其中一个重要的被忽略的潜在风险点。

一、地方政府债务风险研究视角的局限性

现有地方政府债务风险研究主要从财政分权、公共产品、预算软约束视角来切入，这些视角深入剖析了地方政府举债的动因以及随之而来的风险，并且加深了基础设施建设和地方政府债务之间的联系，将地方政府债务风险与基础设施建设规模扩大联系在一起。

虽然现有研究取得了丰富的成果，学者对地方政府债务风险也提出了一些防范措施。但对地方政府债务风险的研究往往停留在基础设施建设层面上，鲜有研究将维护费用作为分析地方政府债务风险的视角，并分析因为跨期资源错配（维护和建设资金之间的错配）导致的地方政府债务风险。同时也有研究单纯分析基础设施建设和维护费用之间的关系，不过重心大多放在具体某一类基础设施的维护成本分析上。

由维护费用配置不合理导致的地方政府债务风险具有间接性、隐蔽性、累积性的特点，很容易被忽视，但是这种风险的负面效应却在一点一点蚕食地方政府债务资金的规模和使用效率，因此目前的研究视角存在局限性。笔者认为，正是由于维护费用导致的地方政府债务具有隐蔽性和积累性的特点，因此更需要从维护费用视角入手，来分析我国地方政府债务风险。

二、本书对地方政府债务研究思路

综合考虑学术界已有的研究成果以及局限性，本书选择将基础设施维护费用作为视角研究地方政府债务风险。

地方政府举债主要用以支撑基础设施建设，同时基础设施资金中也有很大一部分是来自地方债务，因此二者存在显著的正向函数关系。而基础设施投入又可以分为基础设施的建设和维护两部分，虽然在资金的流向上来说债务资金不能够用于维护费用，向基础设施领域投放的维护和建设两笔资金却存在着显著的挤占关系。维护和建设两者之间天然具有一种矛盾，即建设可以用建设规模来衡量，但维护却很难量化，这就导致了地方政府在面对政绩考核的激励作用下更注重建设而忽视维护。忽视维护资金的使用表现为基础设施使用年限的下降以及基础设施更新换代需求的增加，这会造成资源浪费，并给地方政府施加压力。

源于维护费用和建设资金之间不合理配置而引致地方政府债务风险加剧的风险是一种跨期资源错配的风险，一方面，忽视维护费用的负效应是随着时间而累积的，其对基础设施整体使用寿命的损害会加剧基础设施建设的需求，从而大大降低建设资金中的债务资金使用效率，而债务资金又是有成本的，甚至需要通过债务置换的手段进行推迟偿还，可见这种对债务资金使用效率的伤害是超过超额建设资金本身的；另一方面，基础设施在建设和维护两个领域资金配置的不合理在短期内并不会有明显的影响，但一旦处于基础设施快速建设和重建相叠加的时期，由维护费用引致并累计的地方债务风险就会成倍增加，呈现一种杠杆效应。

通过上述研究思路的分析我们不难发现，维护费用引致的地方政府债务风险并非一蹴而就，而是如同温水煮青蛙一样的伤害着整个财政体系，真的等到这种风险不得不提出来时将会给地方政府带来巨大损失，而现有的研究尚未从基础设施维护费用视角来切入，因此本书具有前瞻性和必要性。

第四节　本　章　小　结

通过上述对地方政府债务相关文献梳理我们发现，无论是国内还是国外都从不同的视角对其进行了分析，对地方政府债务风险成因以及管理也形成了一定的研究体系。

　　然而国内对地方政府债务研究的视角主要集中在财权和预算约束等方面，鲜有以基础设施维护费为视角的相关研究。无论是基础设施的建设投入还是维护投入都从规模和持续性上对地方政府债务有着深远的影响。与此同时建设投入和债务投入之间又因为地方政府债务的约束存在着既相互制约又相互促进的影响。相互制约是因为短期来看固定的债务支出额度使得建设投入和维护投入之间存在着此消彼长的互斥关系；相互促进是因为长期来看高质量的建设投入会降低维护投入的刚需，而妥善的维护投入又能够缓解建设投入压力。地方政府债务风险研究的最主要目的是探索地方政府债务能够良性持续运行的方法，一方面，对债务的成因、管理方法等的深入研究就必不可少；另一方面，债务资金长期和短期以及建设投入和维护投入之间的合理有效配置，也是地方政府债务能否持续良性发展的重要结构性保障。

　　由于基础设施建设与地方政府债务之间存在内在关联关系，并且维护费用与基础设施投资之间也有密不可分的关系，因此，维护费用与基建投资之间的资金配置关系，也进一步影响了地方政府债务，但国内还没有从这一角度出发来研究地方政府债务风险的先例。本书将从基础设施维护费用视角入手，提出防范地方政府债务风险的可行建议。

　　以基础设施维护费用作为视角来研究地方政府债务，本质上就是以跨期资源配置作为研究视角，探索地方政府债务能够持续良性发展的途径。这就需要对如何协调基础设施的建设投入和维护投入的短期和长期矛盾关系进行深入研究，从而以基础设施维护费用作为地方政府债务的研究视角不但具有创新意义同时具有实践意义。

第三章

我国地方政府债务、基建及其维护费用分析

基于前文对我国地方政府债务风险成因、风险评估、管理及危机，地方政府债务与基础设施建设关系，维护费用与基础设施投资关系的文献研究梳理基上，分析了我国地方政府债务现状、风险及管理，我国地方基础设施建设现状和资金来源，我国地方基础设施维护现状。进一步探讨了我国地方基础设施建设与地方债风险的关系，我国地方基础设施建设与维护的关系，我国地方基础设施维护与地方债风险的关系，为后续的实证研究奠定了基础。最后，本章以交通运输类基础设施在维护管理方面来举例分析地方基础设施维护费用现状，并对比了中外基础设施维护费用支出，为之后的政策建议提供现实依据。

第一节　我国地方政府债务现状及风险分析

随着地方基础设施建设规模的扩大，地方收入则增长缓慢，扩大了地方政府债务的压力，因此需要对我国地方政府债务现状进行分析，本节从地方政府债务现状、债务风险以及管理入手，分析我国地方政府债务的发展现状。

一、我国地方政府债务现状分析

（一）我国地方政府债务规模

2011 年我国审计署第一次开展针对全国地方政府性债务①规模的审计工作。2010 年我国地方政府性债务规模为 10.72 万亿元，其中政府直接债务占比 63%，负有担保和救助责任（或有债务）的债务占比 37%；2012 年我国地方政府性债务规模为 15.89 万亿元，其中政府直接债务占比 61%，负有担保和救助责任（或有债务）的债务占比 39%；截至 2013 年 6 月底，我国地方政府性债务规模为 17.89 万亿元，其中政府直接债务占比 61%，负有担保和救助责任（或有债务）的债务占比 39%；2014 年我国地方政府性债务规模为 24 万亿元，其中政府直接债务占比 64%，负有担保和救助责任（或有债务）的债务占比 36%。②自 2015 年 1 月 1 日起实施的新《预算法》规定，除发行债券外，地方政府不得以任何其他形式举债。即自 2015 年起，地方政府债务范围是指地方政府债券，以及清理甄别认定的新预算法实施前截至 2014 年末非政府债券形式的存量政府债务。截至 2015 年底，我国地方政府债务规模约为 16 万亿元，占 GDP 比重约为 24%，地方政府债务率约为 89%，尚未超过国际通行警戒线。③我国地方政府债务规模情况如表 3 - 1 所示。

---

① 地方政府性债务和地方政府债务是两个不同的概念，涉及的债务范畴并不相同。地方政府性债务的范畴，除包括政府举借的债务外，还包括事业单位、融资平台公司等举借的政府性质的债务。按照规范管理的要求，2015 年以后地方政府只能通过发行政府债券的方式举借，只会保留"政府债务"，不再有通过企事业单位举借的政府性债务。

② 中华人民共和国审计署：2013 年第 32 号公告：全国政府性债务审计结果［A/OL］．2013 - 12 - 30.

③ 2012 年、2013 年《审计署：全国地方政府债务审计结果》；2014 年、2015 年《关于提请审议批准 2015 年地方政府债务限额的议案的说明》。

表 3 - 1　　　　　　我国地方政府债务规模情况表　　　　　单位：亿元

截止时间	政府负有偿还责任的债务总额	政府负有担保责任的债务总额	其他相关债务总额	合计
2010 年底	67 109. 51	23 369. 74	16 695. 66	107 174. 91
2012 年底	96 281. 84	24 871. 29	37 705. 16	158 858. 29
2013 年 6 月底	108 859. 17	26 655. 77	43 393. 72	178 908. 66
2015 年底	—	—	—	16 000. 00

从表 3 - 1 可以看出，我国地方政府债务规模在 2013 年 6 月底达到了小高峰，后国家实施地方政府债务规模限额制度，严格控制地方政府债务规模，截至 2015 年底，地方政府债务规模相比 2013 年 6 月底略有收缩，总体风险可控。我国地方政府债务规模情况如图 3 - 1 所示。

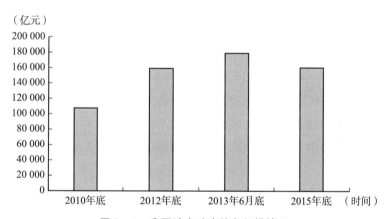

图 3 - 1　我国地方政府债务规模情况

地方债根据偿债来源分为一般债务和专项债务。2015 年 8 月，我国实行对地方政府债务的限额管理，地方政府债务资金应在中央地方政府债务预算限额内调整解决。2015 年我国地方政府一般债务限额为 9. 93 万亿元，实际发行额为 2. 86 万亿元，地方政府一般债务规模在合理限额内；2016 年我国地方政府一般债务限额为 10. 71 万亿元。2015 年和 2016 年地方政府一般债务余额情况如表 3 - 2 所示。

　　2015 年我国地方政府专项债务限额为 6.08 万亿元，实际发行额为 0.97 万亿元，地方政府专项债务规模在合理限额内；2016 年我国地方政府专项债务限额新增 0.4 万亿元，为 6.48 万亿元。2015 年和 2016 年地方政府专项债务余额情况表如表 3 - 3 所示。

表 3 - 2　　　　**2015 年和 2016 年地方政府一般债务余额情况**　　单位：亿元

项目	预算数	执行数
2014 年末地方政府一般债务余额实际数		94 272.4
2015 年末地方政府一般债务余额限额	99 272.4	
2015 年地方政府一般债务发行额		28 606.9
2015 年地方政府一般债务还本额		23 606.9
2015 年末地方政府一般债务余额预计执行数		99 272.4
2016 年地方财政赤字	7 800	
2016 年末地方政府一般债务余额限额	107 072.4	

　　资料来源：《2016 年中央财政预算》。

表 3 - 3　　　　**2015 年和 2016 年地方政府专项债务余额情况**　　单位：亿元

项目	预算数	执行数
2014 年末地方政府专项债务余额实际数		59 801.9
2015 年末地方政府专项债务余额限额	60 801.9	
2015 年地方政府专项债务发行额		9 743.7
2015 年地方政府专项债务还本额		8 743.7
2015 年末地方政府专项债务余额预计执行数		60 801.9
2016 年地方政府专项债务余额新增限额	4 000	
2016 年末地方政府专项债务余额限额	64 801.9	

　　资料来源：《2016 年中央财政预算》。

（二）我国地方政府债务结构

　　我国地方政府债务构成按政府层级划分，可分为省、市、县以及乡政府债务。每一政府层级债务包括政府负有偿还责任的债务和或有债务，其中或有债务包括负有担保责任的债务以及可能承担一定救助责任的债务。我国 2015 年地方政府债务主要集中在城市层面，占比约 40%，其次是省级和县级，乡镇债务占比较低。与地方财力直接挂钩的负有偿还责任的债务，在不同层级的占比结构差别较大，层级越低，地方政府债务对财力的需求越大，这与中国目前地方基层政策财力吃紧形成"倒挂"局面。以基础设施建设为目的的建设性债务成为地方政府的主要债务类别，县、乡两级政府负债，则是以经常性债务为主。

我国地方政府债务还具有一定的区域分布特征，其中东北三省的地方债务主要由国有企业债务转变形成，而中西部省份地方政府债务的主要组成部分是县级以及乡级债务，除此之外，还有部分省份具有较大规模的外债份额。

根据 2015 年地方政府债务限额，不同省份债务规模有所不同。其中，北京市 2015 年地方政府专项债务限额为 5 194.1 亿元，规模最高；高于 3 000 亿元的省份包括江苏、浙江、山东、广东、四川以及贵州，我国地方政府专项债务规模以东部省份为最多。

根据各省份 2015 年新发债券规模可知，共有 16 个省份的债务规模相比 2014 年有所下降，其中上海债务缩减量最多，2015 年相比 2014 年缩减了 16%，债务率降低为 44.3%，比上年下降 13.8%。其次是浙江（含宁波）、北京，分别减少 755 亿元、649 亿元。

虽然部分省份债务规模有所下降，但仍然有 6 个省份的债务规模超过债务限额，分别为陕西、福建、湖北、青海、海南、天津。地方政府债务增减情况如图 3 - 2 所示。

由于东部地区经济较为发达，因此实现了债务余额的减少。部分中西部省份以及债务率较高的省份，也实现了债务余额的下降。而债务率超过 90% 的，基本为中西部省份，包括陕西、青海、广西、宁夏、云南等，[①] 说明我国债务结构不平衡，需要进一步完善地区债务分布，降低债务风险。

---

① 各省份债券发行披露的信息。

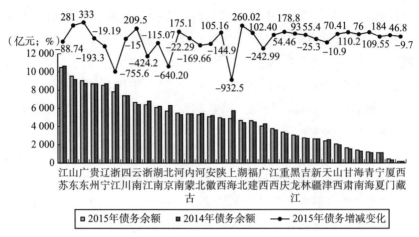

图 3 - 2　地方政府债务增减状况

资料来源：各省份债券发行披露的信息，计划单列市包含在省内数据（中国货币网）。

二、我国地方政府债务风险概况

近 10 年来，我国地方债务风险引起了全社会的广泛关注，为了应对 2008 年全球性的金融危机，我国政府出台了"4 万亿"的投资计划，这其中由地方政府和社会承担的部分超过了 70%，然而自从分税制改革之后，地方政府财政紧张，这是由于改革导致地方政府事权大于财权，难以负担此费用，为了解决这一问题，中央政府首次授予地方政府债券融资的权利，从此以后我国地方政府拥有了公开发行债券的权利（张雪兰等，2011）。其实在该政策实行之前，为了保证地方经济有充足的资金供给，地方政府早已经采用了债务融资的形式来补足地方财政的不足，只不过不是采用公开的形式，而是采用隐形的发债形式进行。可以想象，如果中央政府对地方政府放开公开发行债券的权利，我国地方债融资将成为一种常规的融资方式。就目前情况来讲，虽然地方政府债务负担总体尚未超出其偿债能力，但若是以目前的速度继续增长下去，其所带来的后果是非常可怕的。

究其原因，主要是我国经济目前正快速发展，政府的资金收入来源于一些不稳定且增长缓慢的零散税种以及中央转移支出、土地出让、地方债务和地方直接融资等方面，使得地方政府的财政支出大于收入；

且目前仅依靠财政资金的投入无法满足在民生工程和基础建设等方面存在的较大的资金缺口。据2013年中国审计署对全国审计结果，投向交通、土地、保障住房、市政建设、生态、农业及科教文化等基础和公益领域等的资金占地方债务的比例可达87%。

从债务对应的资产与收入的角度来看，当下，中国地方政府债务大多具有相应的较强发展性、建设性及保障性的收入和资产（例如抵押地方政府的土地）作为偿债的保障。该部分债务资金的流入，促使大量高质量的资产得以形成，加速了基础设施的建设进程、积极促进了经济发展和社会进步，同时也对优化生态环境和改善民生起到了良好的推动作用，不论是从经济、社会还是从生态方面，债务资金的投入都带来了较好的效益。但同时也带来了一定的负面问题，地方政府不断从融资平台借贷资金投入基础设施建设，地方政府的负债规模在不断地扩大，政府的债务风险是否处于可控范围内也是社会大众比较关注的问题。

三、我国地方政府债务管理现状分析

2014年以前，依据我国《预算法》，地方政府没有破产一说，也不能充当举债主体，因此国内尚未建立起完整的地方政府债务管理体系。但随着城市化进程的加快、人们对公共服务的需求逐渐增多。这种情况下，地方政府的财力已无法满足基础设施建设的大额资金需求，地方政府遂寻求多种途径的融资方式。社会各部门包括金融机构、大小企业、社会大众等逐渐与地方政府建立起债权债务关系，地方政府债务形成了一定规模。2014年8月，《关于修改中华人民共和国预算法的决定》通过，允许地方政府进行适度举债活动，并明确提出地方政府债务管理规定，包括举债主体、方式、规模以及用途等方面的具体要求。

2014年9月，我国国务院发布《关于加强地方政府性债务管理的意见》，从制度安排上约束地方政府举债，主要内容包括：第一，确立地方政府举债融资主体资格，不再有通过企事业单位举借的政府性债务。在国家规定的范围内，省级政府可适度举债融资；第二，地方政

府举债行为应严格符合法律法规，政府发行债券应进一步规范流程，鼓励政府采用政府和社会资本合作（PPP）融资模式，进一步加大社会资本对基础设施建设的参与力度；第三，对地方政府举债程序及融资用途进行有效监管，政府举债实行人大常委会批准制，不得将债务资金用于非公益性政府支出；第四，加强对地方政府债务风险的防控，确立地方债限额管理机制，并将其管理纳入预算管理体系当中，致力于构建地方债务风险监管体系，加强地方债务风险管理。

2015年我国地方政府债务管理进入了改革年，严格实行地方债务限额管理制度。此制度是在充分考虑中国的财政体制、政府间财政关系以及目前金融市场的发展状况下而做出的科学合理的设计。2015年初，我国对地方政府债务存量进行清理核查；2015年8月，《国务院关于提请审议批准2015年地方政府债务限额的议案》获得通过，该议案明确了不同地区享有不同的债务限额，且各级地方政府必须在相应债务限额内进行举债和偿债活动。

我国国务院及财政相关部门，通过出台一系列法律法规，提出了地方政府债务管理的具体方案，使得其管理水平有了一定的提高，从而达到降低地方债风险的目的。

第二节　我国地方基础设施建设及地方债风险分析

基础设施建设是衡量基础设施维护费用对地方政府债务影响研究的桥梁。本节对我国地方基础设施建设的含义、特征以及现状进行了简要分析，着重研究了我国地方基础设施建设的资金来源，由此可知我国地方政府债务资金用于地方基础设施建设的比例很大，而基础设施建设中很容易出现地方债期限错配的风险，从而可能产生债务违约的风险。

一、我国地方基础设施建设情况分析

基础设施（infrastructure）是国民经济的重要组成部分，是保障人

们生产、生活的必要保障。世界银行在 1994 年的会议上对基础设施进行了定义，支出基础设施包括：（1）公共设施，如电力、供水、供电、排污、卫生等；（2）公共工程，如修路、架桥、水坝、排水系统、灌溉系统等；（3）其他交通部门，如城际铁路、市内交通、港口、水运、航运等。以上范畴是狭义的基础设施，从广义上来讲，医疗卫生，国防教育，社会福利等无形的公共服务都应被纳入基础设施范畴。

随着我国城市建设的加快，地方基础设施建设规模也不断扩大。2015 年，地方基础设施建设迎来了一个小高峰，轨道交通建设、城镇化建设、水热电力工程项目以及棚户区改造项目等，推动了地方基础设施建设的发展。2016 年我国基建投资共 15.2 万亿元，其中主要是市政、交通运输和电力行业。2017 年基建投资最大的增长点可能还是在于市政建设（最近几年地铁的增速较快，而地下管廊也在推进）。从各省份投资目标来看，各省市的投资目标都在千亿元甚至万亿元以上。在政府工作报告中，各省市也都提到加快投资，主要用于基础设施建设、工业、环境和民生等方面。

（一）基础设施建设投资规模[①]

根据 2016 年 7 月 14 日《中国建设报》刊登的《2015 年城乡建设统计公报》中基础建设数据，从城市、县城、村镇三个类别，水电燃气、交通运输、污染治理、卫生管理及绿林建设等几个角度展现了近几年中国基础设施的发展规模。

1. 城市基础设施建设情况

2016 年初全国设 656 个城市，其中总建面积 5.2 万平方公里，内含本市居民近 4 亿人，无本市户籍的外来人口约 0.7 亿人；完成市政公用建设总投资占全部固定资产总额投资的 2.9%，为 16 204 亿元；其中市政公用建设中占比最大的为道路交通、铁路建设和植被种植，分别为 45.8%、22.9% 和 9.8%。

---

① 中华人民共和国住房和城乡建设部编.中国城乡建设统计年鉴：2015［M］.北京：中国统计出版社，2016.

2015 年全年市政供水 560.5 亿立方米，供水管道长度 71 万公里，用水普及率达 98.07%，用水人口 4.51 亿人，人均生活用水 174.5 立方米，在城市燃气方面，天然气、石油及煤气总量分别为 1 040.8 亿立方米、1 039.2 万吨和 47.1 亿立方米，其中天然气供应较上年增加 7.9%，而石油及煤气总量较上年分别减少 4% 和 15.8%；可见，相对于其他燃气方式，天然气的规模在不断提高，目前用气人口 4.38 亿人，用气普及率达 95.03%。

在集中供热方面，蒸汽供热能力 8.1 万吨/小时，热水供热能力 47.3 万兆瓦，供热管道 20.4 万公里，比上年增长 9.2%，集中供热面积 67.2 亿平方米，增长 10%。建设和植被种植，分别为 45.8%、22.9% 和 9.8%。在城市轨道交通方面，全国 24 个城市建成车站数目达 2 008 个、线路长度达 3 069 公里，其中线路长度较前上升 13.1%；同时有 38 个城市的全长 3 069 公里、车站多达 2 547 个的国道交通正在建设中，该建设长度较去年增长 32.9%。

在城市道路桥梁方面，总路线长 36.5 万公里，面积为 71.8 亿平方米，其中行人道路面积为 15.8 亿平方米；与上年相比，道路长度及总面积分别增长 3.6% 和 5.1%，其中道路的人均面积增长 0.26 平方米。

在污水处理方面，污水处理厂 1 943 座，污水处理能力 14 028 万立方米，城市污水处理率达 91.9%，再生水生产能力 2 317 万立方米/日，再生水利用量 44.5 亿立方米。

在城市绿化方面，截至 2016 年初，城市拥有高达 210.5 万公顷的植被面积，较上年上升 4.4%，可覆盖 40.1% 的建成范围，其中公园面积 61.4 万公顷，增长 5.4%，人均公园绿地面积 13.35 万平方米。国家旅游风景区共 225 个，占地 11.1 万平方公里，其中 39.6% 可供游客参观游览，全年可容纳人流量为 8.4 亿人，景区所耗费的建设维护费用为 70.3 亿元/年。城市道路清扫积 73.0 亿平方米，机械清扫面积 40.6 亿平方米，机械清扫率 55.5%。无公害垃圾处理厂 890 座，无害化处理比例可达 94%，其日均处理垃圾量为 57.7 万吨，年总量为 1.8 亿吨。

2. 县城基础设施建设情况

2016 年初全国共有县城 1 568 个，总建面积 2 万平方公里，其拥有本县户籍的人口 1.4 亿人次，流动人口 0.16 人次；城市市政设施投资总额为 3 099.8 亿元，较上年相比减少 13.2%；其中公共设施资产投资占比以道路交通、植被种植和排水设施为主，分别占 53.7%、15.5% 和 8.6%。

在供水节水方面，2015 年县城供水能力 0.58 亿立方米/日，较上年增长了 6.1%，供水管道长度 21.5 万公里，用水普及率 89.96%，用水人口 1.4 亿人，平均每人日均用水量 119.4；在燃气方面，县城内煤气、液化石油气和天然气总量分别为 8.2 亿立方米、230 万吨和 102.6 立方米，其中煤气和液化石油气使用量较上年分别减少 3.2% 和 2.3%，天然气使用量则较前增加 10.8%。天然气对传统燃气的替换效果很明显。用气人口 1.19 亿，燃气普及率达 75.9%，与城市燃气普及率差距很大。在县城集中供热方面，县城共建供热管道长度 4.6 万公里，达 12.3 亿平方米的供热总面积，与上年相比分别增加 5.4% 和 7.8%，热水供热能力较上年下降 2.8%，为 12.6 万兆瓦，而蒸汽供热较前增长了 5.1%，平均 1.4 万吨/小时；城市道路长度 13.4 万公里，面积 24.9 亿平方米，增长 3.6%，人均道路面积 15.98 平方米。在县城污水处理方面，共建 1 599 座污水处理厂，污水处理能力 2 999 万立方米，污水处理率 85.22%。植被覆盖率达 61.7 万公顷，覆盖面积占比 30.8%，与上年相比增长 29%。公园面积 16.4 万公顷，增长 5.4%，人均公园面积 10.47 平方米。在县城共 23.7 亿平方米的保洁路面面积中，道路清扫中机械清扫可达 10.3 亿平方米，覆盖 43.5% 的清扫范围，县城生活垃圾无公害处理率达 79.04%。

3. 村镇基础设施建设情况

2015 年末全国共有建设镇 20 515 个，乡 11 315 个，村镇户籍总人口 9.57 亿。国家投资村镇建设总额为 15 673 亿元，其中镇、乡、村庄建成区分别花费 6 781 亿元、559 亿元和 8 203 亿元；其中特殊建成区花费 129 亿元。若以用途来区分的话，主要以房屋建设费用为主，为 11 945 亿元，占比总投入 76%，而房屋建设主要投入方向为住宅建设、公共建筑和生产建筑，各分项投资额为 8 785 亿元（73.5%）、1 310 亿元（11.0%）和 1 850 亿元（15.5%）；其次为市政公用设施花费 3 728 亿元，占比 24%，该部分花费以供水和道路建设为主，分别为 434 亿元（11.6%）和 1 589 亿元（42.6%）。2015 年村镇建设投资结构如图 3 − 3 所示。

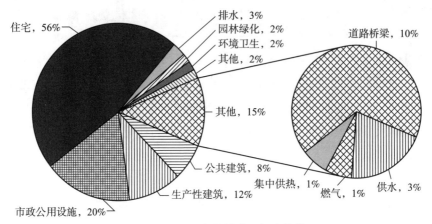

图 3 − 3　2015 年村镇建设投资结构

资料来源：《2015 城乡建设统计公报》。

2016 年初全国村镇总建成房屋面积 11.36 亿平方米，其中住宅面积、公共建筑面积及生产建筑面积分别为 8.56 亿平方米、1.13 亿平方米、1.68 亿平方米。截至 2016 年初全国村镇实有住房面积 381 亿平方米，住宅 320.7 亿平方米，公共建筑 24.5 亿平方米，生产性建筑 35.9 亿平方米，分别占实有住房面积的 84.2%、6.4%、9.4%，人均住宅面积为 33.4 平方米。

2016 年初，供水管线长度为 57.6 万公里，排水管长度为 18.6 万公里，排水涵洞 9.4 万公里，路面长度为 42.5 万公里，公厕为 15.4 万座，城市水渗透率为 83.79%，人均用水 98.69 升/日，天然气渗透率为 48.7%，人均管道面积为 12.8 平方米，人均公园面积为 2.45 平方米，其中 65.6% 全国行政村进行集中供水，生活污水和生活垃圾处理率分别为 11.4% 和 62.2%。

（二） 基础设施建设分类

基础设施根据地理位置的不同，可以分为农村基础设施以及城市基础设施；而按照基础设施的服务性质又可以分为生产基础设施、社会基础设施以及制度保障机构。如果综合考虑基础设施建设的目的性与盈利能力，可以分为不同盈利状况下的经营性以及公益性基础设施建设。

在经营性的基础设施投入当中，以营利性为目的的投入可能无法产生足够的收益，例如水电站、三峡水坝的修建等，虽然是经营性基础设施，但是其总体来讲没有产生正的现金流入，地方政府债务存在无法回收的风险；而像高速公路、地铁、铁路等经营性基础设施建设，虽然存在正的现金流，但是又因为其现金流的回收期比较滞后，因此对政府的债务造成了不小的压力；在公益性的基础设施建设当中，例如棚户区改造、休闲娱乐设施建设、教育卫生建设等建设项目，也无法产生足够的现金流入，而像污水处理等领域虽然是非营利性的公益性基础设施建设，但能够产生正的现金流入。基础设施建设投入构成如图3-4所示。

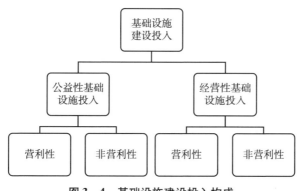

图3-4　基础设施建设投入构成

二、我国地方基础设施建设资金来源分析

基础设施建设资金来源包括国家预算、银行贷款、地方债券筹资、

城市自筹资金、外资引进和民间资本等，其中地方债券筹资是十分重要的来源。

（一）国家预算

政府应当承担一部分基础设施建设，这是由基础设施的公共产品性质决定的，作为基础设施建设的传统资金来源，随着商品经济的到来以及我国财政越加紧张，所占比例逐步缩小。因此，国家预算已经无法承担基础建设的重任，而基础建设的投资来源也变得越来越多样化。

（二）银行贷款

在大多数国家，这都是基础设施建设资金重要来源之一。农发行、农业银行、农村信用社等低息投资贷款，构成了一部分地方债务。21世纪初期，银行成了基础设施建设资本的第二大来源且贷款利率逐年攀升。但目前金融形势变幻不定，为了应对市场形势，银行操作系统和经营模式也向商业化转变，为了获得更大的利润以承担相应的资金风险，银行受其期限结构和资金来源的制约，往往不愿对基础设施进行贷款——因为基础建设周期太长，贷款额度大但回报利润不高。因此，银行贷款在基建资金来源中占比逐年下降，近两年约占15%。

（三）债券筹资

债券筹资可基本满足基础设施对基金规模、期限以及成本的要求。由于我国资本市场还不够完善，充裕的社会闲置资本仍需善加利用，而对于扩张建设来说，债券的融资是一种良好的途径，主要投向是基建。地方政府债券筹资主要包括以下两个方面：

1. 地方债

地方债根据偿债来源分为一般债和专项债。对于没有收益的公益性项目，地方政府发行一般债，以一般公共预算收入偿还；对于有一定收益的公益性项目，地方政府发行专项债，以政府性基金或专项收入偿还。地方一般债纳入一般公共预算，计入赤字部分；地方专项债纳入政府性基金预算管理，计入收入部分。2016年地方政府债券发行规模 6.04 万亿元，较 2015 年增长 57.65%，其中新增债券 1.17 万亿元，置换债 4.87 万亿元。2017 年是地方债务置换的最后一年，地方债发行规模将持续扩大，预计规模 7 万亿元。[①]

2. 地方融资平台

地方融资平台本质是由地方政府全资所有的国企，在 2014 年《国务院关于加强地方政府性债务管理的意见》出台之前，承担了地方政府主要融资责任，通过城投债、城投贷款、非标等方式融入资金，进行基础设施建设和提供公共服务。地方融资平台名义上已经剥离政府举债职能。但由于地方融资平台债务体量巨大，牵涉各方利益，一旦地方融资平台出现还债危机，政府出于社会和金融稳定的考虑，还是存在隐性的信用担保。

地方融资平台曾是地方政府主要的融资渠道，占地方政府债务 30% 以上。根据 2013 年审计署发布的地方债务审计报告，截至 2013 年 6 月，在地方债务中，政府负有偿还责任的有 10.89 万亿元，其中地方融资平台债务 4.08 万亿元，占比 37%；政府负有担保责任的有 2.67 万亿元，其中地方融资平台债务 8 832 亿元，占比 33%；政府可能承担救助责任的有 4.34 万亿元，其中地方融资平台债务 2.01 万亿元，占比 46%。

（四）城市自筹资金

中国城市基础建设自主融资主要来源于批租土地，获得土地出让金来用于城市建设。但随着可开发的土地越来越少，开发成本也急剧上升，极大削弱了自筹资金的来源和贡献，同时"黑箱"运营的卑劣手段减少了租赁受益甚至出现亏损；如果地方政府不能合理地预期此项收入的减少，地方基础设施建设将面临巨大风险。除租赁收入外，对使用者收费也是来源之一，包括城市维护、车牌、排水、供水、公共设施等，但该部分收入远无法满足城市基础建设的庞大需求。

（五）外资引进

随着我国改革开放的不断深入，外资的一体化进程推动着国内市

---

① 伍戈. 基建投资与政府债务［N］. 华融证券，2017 - 03 - 03.

场经济全面多元的发展，同时在早期私人资本无法进入市场时，外资的引进填补了资金建设中巨额的一道鸿沟，国外资产的加入极大地推动了我国基础设施建设的发展。然而，在各资金来源中，外资占比一直不高。此外，随着近年来主权债务危机时有发生，管控其中的风险十分重要。与此同时，我国政府也逐步推进将外资从既往信贷资金为主的结构到直接投资及融资的转变，并已取得良好的效果。

（六）民营资本

近年来，城市基础设施投资采取利好政策及措施鼓励私人资本加入，有关部门甚至还出台了相关改革和完善城市基础建设环境的文件及相关政策，民营资本的介入是必然的趋势。目前民间资本仍然很充裕，对缓解基础设施建设资金压力有很重要的作用。值得一提的是，近两年来备受推广的 PPP 模式，可以使政府用少量资金撬动社会资本共同参与投资从而实现共赢的投融资模式。政府在项目公司中的持股比例低于 50% 且不具有实际控制力及管理权。这部分出资计入政府承担的股权投资支出责任，不算政府直接债务。PPP 证券化的快速推进会为参与 PPP 项目企业注入更多流动性，提高 PPP 对社会资本的吸引力。

总而言之，建设资金与地方基础建设的顺利进行息息相关，而民营企业和外资的引入是建设资本的重要来源，因此，对于资金短缺，政府需要对外资及私人投资予以一定程度的支持与鼓励，加强资金来源的多样性，促使基础建设多方位多层次的深入发展。除可快速征得基础建设资金外，外资及私企的引入同时也能大大提高工程的质量和进度。

三、我国地方基础设施建设与地方债风险的关系

（一）地方基础设施建设占地方政府债务资金投向比重较大

我国地方政府债务资金投向一般倾向于与社会民生相关的事业，包括市政建设、交通运输设施建设、土地收储、兴修水利、植树造林、

科教文卫等公益性事业，这对于构建现代化城市与农村，提高人民生活水平具有重要意义。

根据《2013 年全国政府性债务审计结果》，我国地方政府债务资金投向较为明确，以市政建设最多，占比约 38%；其次是土地收储占比 17%，交通运输设施建设占比 14%，保障性住房占比 7%，科教文卫占比 5%，农林水利建设占比 4%，生态建设和环境保护占比 3%，工业能源占比 1%，其他占比 12%。对市政建设的投资，一方面新增了大量优质资产，提供了收入来源；另一方面较好地改善了民生环境、推动了社会发展。在我国地方政府债务资金投向中，市政建设地方政府债务资金投向比重如图 3 − 5 所示。

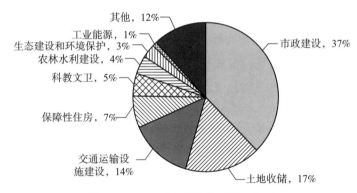

图 3 − 5 地方政府债务资金投向比重

从我国地方政府债务资金投向比重可以看出，地方政府债务资金投向以基础设施建设为主。如果基础设施建设负债过多，超过了地方政府的债务偿还能力，或者在某个时间段需要偿还的债务过于集中，则会带来巨大的偿还压力，出现违约风险，从而影响基础设施建设的正常发展，最终会对经济发展造成破坏。

（二）基础设施建设中债务期限错配的风险

根据代际公平理论，为了提高利益分配的合理性，通常通过相关社会制度来实现资源的跨代际配置。对于基础设施建设来说，由于后代人会从当代的基础设施建设中受益，因此其也应当支付与当代基础设施建设相关的费用。如果当代基础设施建设费用完全由当代人来承担，那么就会产生一些社会问题。因此，为了实现资源的跨代际配置，地方政府通常以举债的方式向后代人借钱，来实现代际公平。地方政府的长期融资工具较少，以短期债务为主，债务偿还期限通常短于建设周期，因此无法及时获得投资收入，为偿还债务形成资金来源。当地方政府财政收入充足时，就可使用地方政府财政收入偿还地方政府债务，降低地方政府债务风险；然而，通过举债方式扩大基础设施建设的地方政府，其财政收入往往不足以偿还借款，地方政府只能选择举新债还旧债的方式，保证偿债能力。为了吸引更多的投资者，地方政府往往利用借债资金大搞基础设施建设，改善城市公共设施情况，形成一定的投资吸引力，广泛吸收各种机构、社会公众的投资资金，地方整体经济水平就能够得到提高，政府的财政收入也会水涨船高。除此之外，很多市政基础设施建设项目本身具有盈利能力可用来偿还地方政府债务，一些基础设施建设项目在运营过程中能形成一定的费用收入。

产生地方政府偿还债务风险的原因就是举债期限和收入期限无法良好的匹配，地方政府应当支出的现金流早于预期收入的现金流。无论是通过税收获得的更高的财政收入还是基础设施本身的收费收入都是多年以后的事情，而地方政府债务的本金和利息偿还所需要的现金流却是短期的，这就出现了时间上的错配。对于这种债务期限错配上的问题，主要通过用新债来置换旧债的方式来推迟债务的实际还款日期，就是用滚动的债务来契合长期的资产端现金流入。虽然有实物资产的支撑，与"庞氏骗局"不能一概而论，但是如果某一时间段上同时到期的债务较多，需要置换的债务量较大，很可能出现资金面紧张的情况，由于债务期限的不合理，造成地方政府债务偿还资金的流动性风险。通过扩大借债规模，形成还款能力的方式在短期内能够保障地方政府债务风险不致扩大，但是从长期来看，一旦地方政府债务资金链断裂，很难筹集到资金或筹集到的资金成本较高，政府资金无法满足偿债需求，则会引发偿债危机，对地方政府造成非常不利的影响。

（三）基础设施建设中债务违约风险

通过地方政府债务资金的使用，可以改善城市及农村的教育、卫生、交通、医疗等基础设施环境，促进地区发展，提高人民生活质量。但是基础设施、交通运输及教育卫生等具有公益性事业的性质，其投资收益率相对较低。虽然有一定的收费，例如城市维护、车牌、排水、供水、公共设施等使用费用，但该部分收入远无法满足城市基础建设的庞大需求。这会导致政府资金回收可能存在一定的困难，偿债资金不能得到有效的保障。一方面，政府为偿还基础设施建设欠债，需要向社会融通资金；另一方面，为促进新的基础设施建设，政府也不断加大举债力度，这就造成地方政府债务规模的不断扩大。过度举债筹集基础设施建设资金，也会对地方政府造成较大的不利影响。

此外，中国城市基础建设自主融资主要来源于租赁收入，但随着可开发的土地越来越少，开发成本也急剧上升，极大削弱了自筹资金的来源和贡献，同时"黑箱"运营的卑劣手段减少了租赁受益甚至出现亏损，地方政府如不能合理预期到此项收入的减少，地方基础设建设将面临巨大的风险。

第三节　我国地方基础设施维护
及地方债风险分析

本节通过对基础设施维护的含义和特征，分析了我国地方基础设施维护的现状，厘清了我国地方基础设施建设和维护的关系，从而得出我国地方基础设施维护引致地方政府债务风险的路径。由于交通运输类基础设施建设作为基础设施建设中占比最大的部分，具有很强的代表性。本节最后一部分以交通运输类基础设施维护管理方面的现状来举例分析地方基础设施维护不足引致地方政府债务风险的路径。

一、我国地方基础设施维护现状分析

（一）基础设施维护的含义及性质

对于基础设施的含义，学界尚存在争议，但对基础设施维护的概念认知则日趋一致。在基础设施运营过程中，通过对其进行不可或缺的整理、更新和改建，使其能正常有效地运行且"持续有效的提供产出所进行的活动"，并且随着社会进步和经济需要，让其提高服务和产出，以适应更高层次的要求，便是基础设施维护的核心；而基础设施维护应当具有以下两方面的特征：

1. 日常维护

以保证基础设施可以正常提供服务的基本需求，使其不因使用折旧或零件损坏导致运行故障或服务能力下降，例如道路的维护、桥梁的定期检修。

2. 更新改造

随着社会发展和经济进步，人们对基础设施的需求提升，对其进行新的技术革新或改造，可以提高服务效率应对更多元化的社会需求，例如电网改造。

基础设施的维护可以分为定时维护、日常维护、特殊维护和技术改进四个方面。需求的范围也从既往所涉及的主要项目（如公路桥梁的维修）扩大到工业生产网络结构的转型、安全项目的应用、信息服务和系统信息化建设等方面。与新建的基础设施的差别在于，基础设施维护不扩大当前设施规模，而依靠科学技术的发展，对已有设施进行改造革新，达到提高生产能力和服务质量的目的。

（二）基础设施维护的现状

就目前各发展中国家的基础建设情况来看，新项目的投资成为基础设施建设的核心，而对已有设施的维护则弃于一旁。据世界银行1994年的"世界发展报告"所示，非洲曾以投入450亿美元重建费用的代价来弥补其过去十年中未及时投入120亿美元进行道路修整所带来的损失；同样，100 万美元电力传输线路的维护可以节省 1 200 万美元的新发电能力的投入；诚然，我国也一样面临着基础设施维护投资不足的窘境。

自 1990 年以来，我国基础设施新项目的投资始终高于维护投资，年增长率的差距使得两者比重越发扩大，目前已逼近 4∶1；咎其失衡原因，考虑分析如下：

（1）政府作为基础设施的最主要的供应方，社会对基础设施日益增长的需求以及金融资本的短缺压力下，新建投资挤占了基础设施维护的投资额度。对于政府而言，虽然财政收入逐年递增，但基础设施建设支出增速却始终较财政支出增长低 5%，其所占支出比重也从 1990 年的 17% 降至 2005 年的 12%；因为为保证政府职能，财政支出方面始终以功能性支出为主，如科学教育、文化卫生、社保医疗等。而随着社会需要，基础设施投资需求疯狂增长，各地政府亟待大规模的资本投入，因此，财政资金的短缺严重制约着政府发展基础建设的发展。以承受高额的本金和利息而自筹贷款的方式获取基础建设资本的方式过于昂贵，无法持续发展。因此，在政府资金有限的情况下，仍会优先选择新项目，压榨基础设施维护的资本。

（2）在设计的初期，对整体需求或对基础设施质量的预测不足，难以满足实际需求，而质量的缺陷使得基础设施持续超载使用，折旧加快，维护成本高昂。首先，在基础项目建设决策过程中的预测不足，会导致设施产能过剩或者无法满足需求，而且使用过程中设备的低载或高负荷运行加快老化速度，维护成本上调。其次，质量问题使得在建设时期或维护时资金投入与实际需求不对等，造成成本浪费，实际投资与维护需求差距扩大。最后，质量低劣会将成本转移至后期维护资金上，进一步造成维护成本上调。

（3）部分政府部门因利益问题将基础设施投资推向新项目。由此证明，投资、消费和出口作为拉动经济前进的"三驾马车"，对于发展中国家而言，消费和出口与投资相比，力量要相对羸弱，而投资才是发展中国家经济发展的主要动力。中国作为发展中国家，当前阶段国内需求不足，遂把投资作为经济发展的重中之重。同时政府任命的制度使得有关决策部门为取得好业绩而在投资和基础建设上投机取巧，以图重新创造地方政府地标性的个人业绩，在任期间留下伟大成就。故此，各地区政府部门的领导持续的创立新兴项目，大量引进投资，而既往基础设施的维护问题无人问津。

（4）具有社会福利性质的基础设施维护往往面临着实际投资困难。政府的基础设施项目，不仅能以更低的价格提供社会服务，还能解决一部分失业问题。人员的增加显著增加了基础设施项目成本，盈利减少进一步扩大了基础设施维护投入的困难。

（5）私营部门缺乏基础设施维护意识。各国政府逐步向私营部门开放投资基础设施建设，以解决自身财力有限的问题。例如：以 BOT（工程建设模式）、PPP（政府和社会资本合作）、PFI（私人融资活动）、ABS（资产证券化）等形式将基础设施建设交由私营部门运营。作为理性的经纪人，私营部门出于利益考虑，同样会有"重建轻养"问题的产生，最终会造成服务效率的降低。

二、我国地方基础设施建设与维护的关系

基础设施维护费用作为基础设施投入的重要一块，其投入在规模上是巨大的，在范围上是繁复的。大到公路铁路、机场车站，小到路灯水井、公园公厕，可以说是跟我们生活息息相关的，如果基础设施维护工作没能在合理的时间段内进行，可能使得后续维修工作的强度和维修费用大幅度提高。大规模、及时的基础设施维护工作需要大量的人力、物力和财力的支出，要做到定期和不定期地记录基础设施的使用情况，保证基础设施的维护在最合理的时间内完成，从而提高资金使用效率。供水、供电、燃气、航运、港口水运等基础设施的建设和维护问题之间都存在着诸如此类的问题。科学地认识基础设施建设及维护费用之间的关系，对进一步化解地方政府债务压力具有举足轻重的作用。

（一）合理的维护安排能够降低维护成本

权衡维护费用和建设投入之间的关系，可知基础设施的维护费用

并不是越多越好，但是不合理的"建护比"会使得基础设施建设的规模与维护费用之间产生不匹配的问题。而不合理、不稳定的基础设施维护费用投放会使得原本只需要很低成本即可解决的小问题，慢慢变成了需要花费大量人力、物力才能解决的大工程。如果没能在最理想的时间段内进行基础设施的维护，那么之后的维修花费将会是巨大的。

（二）　完善的维护手段能够延长基础设施使用寿命

基础设施建设中一直存在"重建轻养"的问题，因此很多基础设施的维护并没有获得足够的重视。同时政府的政绩评价中主要是基础设施建设项目的完成情况，而不是基础设施建设的维护情况。出现这一现象的原因可能是维护工作的好坏是需要时间来检验的，是很难短时间进行定性评价的。同时，PPP 项目大多以"特许经营权"的形式与民间资本进行合作，而"特许经营权"的年限一般在 30 年左右，那么具有收益权的主体在交通运输基础设施建设中，往往并不是使用最科学合理的基础设施维护手段和费用支出，这种不合理的维护费用支出情况会从整体上缩短交通基础设施建设的使用年限。

（三）　科学的维护理念能够减轻维护工作压力

很多维护工作的压力很重，对人力、物力、财力的需求都很大，这也涉及维护理念的问题。维护工程自身也具有规模效应，低维护费用投入只能维持传统维护手段，而机械化的维护手段是需要大资金投入的，但由于规模经济的因素，当大规模使用机械化维护手段后，其边际维护成本将会降低。给予基础设施维护工程如同基础设施建设项目一样科学合理的重视，将会在很大程度上提高维护工作机械化、缓解维护工作的压力。

总体来讲，基础设施建设项目自身与基础设施维护工作之间是密不可分的，科学合理的维护工作不但能够减少维护支出，而且能够延长设备的使用年限，进而降低基础设施给地方政府带来的巨大还款压力。

三、我国地方基础设施维护与地方债风险的关系

关于我国地方基础设施维护对地方政府债务风险的影响，有两个重要的风险来源点：一个是地方政府的政府治理激励存在问题，地方政府对基础设施建设和维护的跨期问题上的动机扭曲造成了地方政府"重建轻养"。另一个是地方债务的预算制度不健全，现有预算制度只监管了经常性支出，但缺乏资本支出控制和平衡。下面详细阐述这两个风险点：

（一）地方政府治理激励存在问题

当前，GDP 仍是中央政府对地方官员"政绩"的主要衡量指标，地方政府从政绩的角度出发，更愿意在任期内增加基础设施建设，但设施的维护完成情况短期是很难被量化的，因此存在"重建轻养"的问题。基础设施维护费用在绝对量上不断增加，但是与飞速增长的基础设施建设相比却是不断下降的，这种表面的维护费用增长对地方政府债务偿还方面存在很大的风险。一方面，对维护工作的忽视以及降低维护支出，在短期看是一种成本的节约，但是长期来看会使一些原本可以用很少维护费用解决的问题升级为一个"大工程"，使得其虽然从数据上看有很高的基础设施维护费用投入，但是这些维护费用的投入效率很差。对于不能产生经营性回报的基础设施项目，这些低效率的维护费用投入将会带来沉重的地方政府债务压力。

另一方面，"重建轻养"的问题，不但会从低效率的基础设施维护费用上加重地方政府债务压力，且大范围不合理的基础设施维护体系，将会从整体上缩短基础设施的使用寿命，最直接的表现就是会增加政府对基础设施更换的频率，原本 30 年寿命的项目可能 20 年就要更新，这对地方政府债务的压力将会是巨大的。比如 PPP 项目大多是政府以让渡"特许经营权"的形式与民间资本进行合作，而"特许经营权"的年限一般在 30 年左右，具有收益权的主体在基础设施建设投入中，考虑到投入产出比，往往并未使用最科学合理的维护手段和费用支出。他们认为，一般的维护手段和费用支出，只要在特许经营权的期限内

不影响基础设施正常使用就可以接受，这样一来在维护工作上的投入将会不充足。如果这种"重建轻养"的问题不加以调整的话，其对地方债务产生的压力会不断膨胀，从而加大其风险。

（二）地方政府债务的预算制度不健全

我国地方政府债务的预算制度不健全，现有预算制度只监管了经常性支出，缺乏资本支出控制和平衡。而维护费用的多少十分依赖于基础设施本身的情况，建设不好费用高，一旦基础设施需要快速重建，所需资金缺口突然增大，风险大增，从这个意义来讲，维护费用像一个债务杠杆。

四、案例分析：我国交通运输类基础设施维护现状及问题

随着地方基础设施建设规模的增大，地方基础设施维护费用也不断增长，而不同领域基础设施建设的维护存在很大的差别，交通运输类基础设施建设作为基础设施建设中占比很大的部分，其维护费用具有很强的代表性。本节以交通运输类基础设施在维护管理方面的现状来举例分析地方基础设施维护费用现状。

（一）交通运输基础设施维护主体

政府以及民间资本是基础设施建设的主要投资者。各类交通基础设施建设所具有的营利性不同，对于可完全市场化的交通基础设施项目，比如高速、地铁、铁路等，应当由实际经营权的拥有者来实施，因为该部分经营者可以利用这些基础设施所带来的收益对其本身进行维护管理，况且该部分收益足以承担其维护的费用。而对于一些无法具体经营的基础设施，例如城市及农村道路等，则需由政府相关部门负责维护治理。

1. 农村交通运输基础设施的维护主体

由农村政府修建的农村交通类基础设施以及附带设施的维护工作主要由当地政府统一管理，而农村中的大型交通基础设施，如省道、

国道则由交通部管理，其中当地相应维护部门负责执行细则。

2. 城市交通运输基础设施的维护主体

城市交通作为城市发展的必要条件，其纯粹的公共物品属性极强。2015年政府在城市轨道交通上的投资占城市建设固定资产投资的22.9%。城市交通大多数由政府投资建设，使得政府成为城市交通基础设施的维护主体。城市交通的配套设施很多，除了主体道路还有街道的绿化、路灯等配套设施。其中交通设施主体由公路局负责，街道绿化由林业部门负责，路灯则是由路灯管理处负责。

（二）交通运输基础设施维护资金来源

交通运输类基础设施的运营会牵涉多方面的利益，其维护资金的来源也是多方面的，其资金来源主要有：

1. 向交通运输设施的使用者征税

我国用于养护公路征收的税项为养路费，主要分为"汽车养路费"及"拖养费"。其中汽车养路费占总养路费比重的90%，由交通部向车辆所有者或单位征收的用于公路养护、维修的专项资金；拖养费是由农用车辆、拖拉机等交付的用于农村道路维护的养路费，为专项资金。2009年起国家将"养路费"转换成"燃油附加税"，主要是因为养路费是按吨位和收入两种方式计算，形成了一种定额税，而不同车主在车辆使用上是不同的；同时吨位不同的车辆对道路损坏程度是不同的，而燃油附加税是将养路费与汽油的捆绑同时计算进油价中，将每辆车需要缴纳的养路费转化成了税费，能够更好地体现"多用多交，少用少缴"的公平原则（余妍慧，2013）。

2. 政府财政投入

交通基础设施维护的另一项主要资金投入来源于各级政府的财政支持，其中包括交通部每年从车辆购置税中提取出的一定比例资金作为购车税返还，主要用于农村公路改建，但在农村交通基础设施建设投资中所占比重不大。中央财政投入主要作为贫困地区公路发展的扶持，而不是稳定资金供给；地方财政中划拨的资金主要用于农村公路的养护。

3. 经营收益

经营性交通基础设施建设在正常营运期间能够获取收入，支付一部分维护费用，成为经营性交通基础设施的维护资金。但是 2015 年全国收费公路支出约为 7 285.1 亿元，而通行收入仅为 4 097.8 亿元，收支缺口为 3 187.3 亿元，养护支出为 503.5 亿元，公路附属设施改造扩建工程为 188.2 亿元。支出中的 80% 是用来偿还到期债务的本金和利息，只有不到 20% 是用于公路的养护管理及附属设施改造。

（三）交通基础设施维护管理现状

1. "重建轻养"

国家一直特别关注交通运输有关的基础设施的建设工作，并且每年以显著的规模在不断扩大。固定资产投资是拉动 GDP 的主要因素，而交通基础设施建设又在固定资产投资中占重要地位。但是交通基础设施建设投资主要用于新项目建设，维护费投资相对较少，因此形成了明显的"重建轻养"的问题，并且这种问题在逐年加重。基础设施建设的维护费用并不是说越多越好，但是不合理的"建护比"一方面会加速交通基础设施的损坏程度，另一方面会缩短其整体寿命。

2. 维护资金缺口较大

目前经营性交通基础设施的维护资金不依赖于政府投入，资本来源于自身经营的收入。而经营性交通设施的目的是为了盈利，那么"以收定支"的现象就不能避免，交通设施养护资金的多少主要由收入情况而定。对于经济欠发达地区而言，由于道路车辆稀少，因此通行的收入较低，从而用于公路养护的资金就很少。从非经营性交通设施的维护费用来源看，主要依据的是燃油附加费的多少，而财政投入和其他资金不足。尤其是欠发达地区的"一事一议"，不仅筹集的资金有限，而且很不稳定，往往会耽误了其最理想维护时间段。

3. 质量低下

高速公路每年都在进行维护工作，这主要是因为维护质量的低下造成的，而交通基础设施维护工程质量差的问题在发展中国家普遍存在。例如 2008 年投入使用的仅运营 8 年的渝宜高速公路。该公路因质量问题曾发生过多起因路面坑洼引起的交通事故。

4. 信息化、机械化水平低

鉴于"重建轻养"问题的存在，维护设备往往也存在着"用不起，用不好"的问题。少部分地区能够用到进口设备进行维护，大部分地区的维护工程依然使用传统的方式，对新技术新材料的使用规模没有拓宽，导致许多交通设施的专业养护水平不高，养护资金利用效率低下。

5. 缺乏科学的维护管理理念

很多情况下，在我们开始考虑维护计划的时候往往意味着基础设施已经出现了很严重的问题，科学的维护管理应以长期测试、记录、评价，建立科学、合理长期的维护计划为前提。交通基础设施建设对一国的经济发展有着至关重要的影响，"要想富，先修路"绝非虚言，在全面建设小康社会的大背景下，我们更需持续大规模的投入交通建设，随之而来的问题就是对现有交通设施的维护。如前所述我国交通基础设施维护管理面临着一系列问题，而所有问题最终都会落实到资金问题上来，巨大的资金缺口会给地方政府带来沉重的债务压力，合理管控其中的风险势在必行。

五、中外基础设施维护费用支出对比分析——以公路建设为例

作为地方财政的重要支出，基础设施维护费用的高低对地方政府的整体债务负担具有重要的影响。且维护费用对基础设施的影响是长久的、结构性的，并不能简单地说维护费用越多越不好或维护费用越少越好。合理的维护费用支出可以有效优化地方政府财政支出的效率。在不同的时间段，等额的基础设施维护费用对财政支出的影响程度也是不同的，出于此原因，在看待不同国家基础设施维护费用对地方政府债务影响程度时，需考虑当时基础设施所处的阶段。

（一）国外基础设施维护费用支出分析——以公路建设为例

"要致富先修路"，国家公路建设可以说是一个国家基础设施建设

投入的重头戏，对其维护费用支出结构的合理性分析具有很强的代表性。世界上不存在真正的免费公路，无论是其建设还是维护都需要花费大量的资金。而资金的主要来源有两种，即"税收"与"收费"。

其中，"税收"模式体现了"纳税人共同承担"的思想，相对平均；但"收费"模式体现了"谁使用谁付款"的思想，相对公平。

"税收"模式以美国和德国为代表。主要以美国为例：美国主要依赖财政投资的形式进行公路建设，资金来源主要依靠税收，占美国公路建设资金来源的70%。1956年美国通过《联邦援助高速公路法》以及《公路税收法》征收多重公路税，例如汽车燃油税、卡车购置税、轮胎税等，并设立公路信托基金，目前美国公路建设已经基本度过了大规模发展阶段，主要以养护为主，即侧重于公路的保养和维修，公路信托基金的60%以上都用于公路养护（国家发改委宏观经济研究院课题组，2004）。而多数国家为"收费"政策占主体；例如，在亚洲，日本与韩国是主要依靠收费政策来建设国家高速公路的典型国家；欧洲的意大利、法国、西班牙也同样是典型的收费导向型国家，其收费公路占欧洲整体收费公路的42%。

但随着经济的发展，基础设施建设的费用越来越庞大，依靠单一的税收模式无法完全应对高额基础设施维护费用的需求，即便是像德国和美国这样以税收为主的国家，其公路的建设和养护支出资金缺口也是呈现逐年扩大的趋势。

目前，很多原本只依靠"税收"的方式来进行公路建设的国家也逐渐打破这个管理，其中以德国最为典型，德国的公路里程仅次于中美等国土大国，同时拥有着最发达的公路网。德国的公路因为质量高，其造价昂贵，相应的养护费用也相当高昂。因此导致公路建设养护资金的不足，德国政府在2003年之后不得不对12吨以上的卡车进行收费，并且排量大的卡车要多缴费；到2012年将收费的道路从高速公路扩大到四车道的普通公路，但是仍然无法满足高额的养护费用需求，德国的交通部和财政部一直认为只有通过收费的方式才能弥补资金需求缺口。从2016年起德国对轿车也进行收费，从而开启了高速公路全面收费的时代。与此同时，越来越多的国家在税收的同时采取公路收费的策略，此举不但能够起到为收费公路偿还建设资金的作用，还为非收费公路筹集建设资金，以及实现缓解公路交通压力的作用。

（二）中外基础设施维护费用支出对比——以公路建设为例

2016 年 9 月中国交通运输部发布了 2015 年的收费公路收支情况，其中以收费形式获得的收入为 4 098 亿元，支出总额为 7 285 亿元，收支缺口为 3 187 亿元。总支出中 3 498 亿元用来偿还本金，2 252 亿元用来偿还利息，养护费用为 504 亿元，公路及附属设施支出 188 亿元，运营管理支出 528 亿元，税费支出 297 亿元，其他支出 19.5 亿元，其中养护支出占总支出的 6.9%。而这 4 098 亿元的收入中，除去各种养护、运营、税费等开支之后，不仅偿还了 2 252 亿元的利息还偿还了 311 亿元的本金。美国作为世界公路大国，本节将主要以美国相关数据作为对比。

2010 年美国高速公路里程 655 万公里，全年公路总支出在 1.27 万亿元，其中建设支出 6 221 亿元，维护管理支出 5 766 亿元，债务支出只有 762 亿元，同年专项公路税收总额达到 1.37 万亿元，税收盈余 1 000 亿元。

从每年收费公路各项支出结构的不同就可以清晰地看出，中国的公路发展正处在一个高速成长阶段，而美国公路快速发展的阶段早已过去，这就导致了美国的公路能够享有专项税收总额超过 41% 的养护费用；而中国公路养护费用只占总收费的 12.5%，占总支出的 6.9%。抛开资金来源的不同和公路质量的差异，中国在公路养护上面的资金投入远没有美国那么多。即便是如此大规模的养护费用支出，美国很多路段的现状还是存在大面积严重失修的问题。2013 年美国土木工程师协会估算（ASCE），到 2020 年美国需要 3.6 万亿美元的基础设施维护费，其中 1.72 万亿美元为地面基础设施维护费，但是美国只能拿出 0.88 万亿美元。2013 年 tripnet. org 网站对 50 万以上人口的城市进行调查，发现洛杉矶到圣安纳一带的公路有 64% 的严重失修；旧金山到圣地亚哥一带的公路也有 55% 以上的严重失修问题。ASCE 的数据还表明，美国有 32% 的公路需要大规模养护，超过 60 万座桥的寿命超过 42

年，有 7 万座"结构缺陷"的桥还在使用，相当于每 9 座桥中就存在一座危桥。美国一些地区已经开始尝试公路收费政策。

（三）国外基础设施维护费用支出经验对我国的启示

通过对国外地方基础设施建设及维护费用支出经验的分析，不难发现，无论在规模扩大的发展阶段还是在规模不变的成熟阶段，基础设施维护费用的需求都是巨大的。目前，因为每年都需要偿还大量的本金和利息，导致维护费用的支出远远不足，当基础设施维护问题积累到一定程度时，就会需要大量的维护甚至是重建费用。虽然中国现在已经是世界第二大经济体，有着巨额财政收入，但公共财政支出需求更大。2016 年的财政预算为 15.96 万亿元而财政支出超过 18.78 万亿元，有 2.82 万亿元的财政赤字，支持基础设施维护费用的能力较弱。

从公路建设资金方面来说，2014 年公路建设资金为 1.5 万亿元，占财政收入的 11%，同年车购税为 2 885 亿元，只能满足公路建设资金的 19%，在没有其他收入的情况下，车购税至少要提高 5 倍。

从公路的养护资金需求来讲，2014 年替代养路费的燃油税为 2 271 亿元，而公路养护资金需求为 4 000 亿元，燃油税费只能满足公路养护费的 47%，若想通过燃油税费满足公路的养护需求，需要将燃油税费提高 2.1 倍。但是无论是提高车购税还是燃油税费都会于无形中加大不同用车群体之间的不公平性，而且也不利于汽车行业的健康发展。

而在现阶段中国公路建设正处于一个快速发展时期，难免出现"重建轻养"的问题，使得建设资金投入挤占维护费用的支出（且存在这样一种可能：投入建设的财政收入被挤出作为维护费，挤出的部分用债务资金去替换）。这种影响将会是长久且深远的，此外，地方政府债务风险也可能会源于资金使用效率的低下。

维护费用的合理配置是提高资金利用效率、改善"重建轻养"问题的根本解决办法。根据国内外的对比来看，目前的维护费用支出还不够，因此，我国不但要满足现阶段基础设施扩张对建设资金的需求，而且也不能忽视基础设施的养护问题，需要合理细化税收种类，在尽可能公平的情况下增加税费收入、制定更灵活多样的收费标准并提高收支公开透明程度。

第四节　本章小结

　　本章从债务现状、风险和管理三个角度对我国地方政府债务概况进行分析；同时对我国地方基础设施建设现状、资金来源和债务风险做出了进一步阐述。在此基础上，了解了我国地方基础设施维护的现状，详细探讨了我国地方基础设施建设与维护费用的关系，我国地方基础设施维护与债务风险的关系；并以交通运输类基础设施在维护管理方面的现状为例分析地方基础设施维护现状及风险，为后文研究奠定了基础。

第四章

基础设施维护费用视角下
地方债风险成因分析

地方政府债务风险产生的原因有很多，通过第二章对文献的回顾可知，国内外很多专家和学者对其进行了具体的分析和总结，但从基础设施维护费用视角进行解读的文献几乎没有。在本章中，笔者将从基础设施维护费用的视角出发，通过理论模型对地方政府的举债行为进行阐述。

可持续一直是我国经济发展追求的目标之一，这一点放在地方政府债务上也同样适用，健康并且可持续的地方债务对于我国的经济发展和社会和谐稳定都具有重要的意义，所以笔者将"维持平衡"作为地方政府债务发展的长期目标，从基础设施维护费用的视角建立跨期预算约束模型，探讨二者之间的关系，探讨地方政府对于基础设施维护费用的不合理使用所造成的债务风险，并对我国某些省份的 26 个县（市本级）级地方政府进行实证分析。本章节从地方政府的行为选择出发，分别以居民福利效用最大化和地方政府效用最大化为目标建立效用目标函数模型，探讨在地方政府不同行为选择下，基础设施维护费用所引致的债务风险。

第一节　基础设施建设和维护费用
与地方债务预算关系分析

一、跨期预算约束模型

自从改革开放确定社会主义市场经济体制以来，我国经济迅速发展，市场在资源合理配置、企业公平交易等方面起到了非常重要的作用，但是市场并不是万能的，需要政府这只"有形的"手进行宏观调控，一旦政府插手市场，必然会破坏自由运转的市场经济环境，主要体现在以下三个方面：

一是政府拥有的权力太大又没有专门的机构制约，所以有可能以民众的利益为代价保证地方经济发展的利益。地方政府为了促进经济发展，在没有有力的资金来源的情况下，因为有中央政府这一强大的靠山，便会从银行贷款，并将投资集中于投资空间巨大的基础设施建设中，基础设施的建设能够极有力地带动整个经济系统的活力，促进经济发展。这一经济发展模式看似合理，但却暗藏危机。2008 年的"4 万亿"投资计划，绝大部分资金投入了基础设施建设，经过多年的发展，我国地方基础设施建设已经趋于饱和，但是地方政府通过借债投资的趋势并没有减小，一旦地方政府难以负担其债务规模，损失的还是民众的利益。

二是各级政府之间、政府与市场其他经济主体之间存在不平等的地位。分税制以来，中央政府与地方政府在财权与事权分配不均衡。

三是政府可以随意违约，随意抵押，这就可能导致地方政府债务最后会成为一摊烂账。地方政府从银行贷款的抵押品多是土地和房地产等不动产，抵押资产的价值受经济波动的影响较大，若抵押资产的价值小于贷款价值，则会形成银行的坏账。银行为了保证其贷款资金的安全，便会提前要求地方政府提供新的资产，地方政府为了保证自身有充足的资金流，且地方政府在借贷的过程中没有专门的机构进行监督，遇到财务上的困境时，又有中央政府为其"接底"，可以"为所欲为""拆了东墙补西墙"，继续提供土地等固定资产从而获得资金。地方政府债务面临着诸如发债的透明度，偿债责任主体，偿债方式，发债监管主体，违约处置等不同层面上的难题。

在本节中，笔者认为随着我国经济结构的不断调整，依法治国的理念不断完善，在中央与地方政府权力不断被约束以及调整的背景下，地方政府投资基础设施建设的力度会趋于合理，未来影响地方政府债务规模的主要是基础设施维护费用，这与近年来基础设施维护费用在地方政府财政支出中所占的比例越来越高的事实是相符的，而基础设施维护费用是有滞后性的，所以本小节以基础设施维护费用为视角，在满足跨期预算约束的条件下，对基础设施建设中的地方债务风险进行研究。

就跨期预算约束模型而言，前人的研究多从可持续性的概念出发进行模型的建立，本部分亦是如此，从地方政府持有债务的可持续性作为切入点，构建跨期预算约束模型。然而本书相较于此前的文献，对财政的收入项和支出项以及债务项进行了更为细致的划分，并尝试在此跨期预算约束条件下动态的分析基础设施建设和维护费用与地方政府债务之间的联系。

通过本书第三章的分析可知，地方政府债务规模的不断扩大致使地方政府债务风险发生的概率不断增大，对于地方基础设施建设与维护来说，其资金投入中有很大一部分来自地方政府债务融资，基础设施费用的合理有效投入，同样需要满足地方政府债务的可持续性条件。地方政府持有债务的可持续性，其实质就是保障地方政府包括对债务还本付息在内的所有支出，能够以包括举借债务在内的所有收入来满足。这就间接地反映出了地方政府的举债和偿债能力。设 G_t 是第 t 期的地方政府财政支出，T_t 是第 t 期的地方政府财政收入，B_t 为地方政府的第 t 期的累积债务，r_t 是第 t 期的利率，据此，首先建立简单的 t 期地方预算约束方程：

$$G_t + r_t \times B_{t-1} = T_t + (B_t - B_{t-1}) \tag{4.1}$$

该式本质上是从地方政府的收入与支出角度出发，政府部门通过举债进而弥补财政赤字，这从维持平衡的角度反映了地方政府债务可持续的内涵。

考虑到我国债务持续的期限性，参照伏润民（2008）[①] 在测定地方政府当期债务可持续性时的假定，假设平均偿债年限决定地方政府债务的期限结构，引入债务存续期的概念，设为 m 年，也就是说地方政府在 m 年内平均分摊偿还债务。于是式（4.1）则写为：

$$G_t + \frac{1}{m} \times B_{t-1} + r_t \times B_{t-1} = T_t + (B_t - B_{t-1}) \tag{4.2}$$

---

① 伏润民，王卫昆，缪小林. 我国地方政府债务风险与可持续性规模探讨 [J]. 财贸经济，2008（10）：82–87.

假设利率为常数 r，则将式（4.2）写为：

$$G_t + \frac{1}{m} \times B_{t-1} + r \times B_{t-1} = T_t + (B_t - B_{t-1}) \qquad (4.3)$$

通过变换可得：

$$B_t = \left(1 + r + \frac{1}{m}\right) \times B_{t-1} + G_t - T_t \qquad (4.4)$$

对于 t + 1 期债务来说：

$$B_{t+1} = \left(1 + r + \frac{1}{m}\right) \times B_t + G_{t+1} - T_{t+1} \qquad (4.5)$$

假设地方债务可持续期限为 N，且 t 期至 N 期的预算约束条件皆成立。根据每一期之递推关系，即：

$$B_t = \frac{1}{\left(1 + r + \dfrac{1}{m}\right)} \times B_{t+1} + T_{t+1} - G_{t+1} \qquad (4.6)$$

$$B_{t+1} = \frac{1}{\left(1 + r + \dfrac{1}{m}\right)} \times B_{t+2} + T_{t+2} - G_{t+2} \qquad (4.7)$$

可得：

$$B_t = \left(\frac{1}{1 + r + \dfrac{1}{m}}\right)^{N-t} \times B_N + \sum_{i=t+1}^{N} \frac{T_i - G_i}{\left(1 + r + \dfrac{1}{m}\right)^{i-t}} \qquad (4.8)$$

就我国而言，假设政府具有无限期寿命，则 N→∞，即为式（4.9）：

$$B_t = \lim_{N \to \infty} \left[\left(\frac{1}{1 + r + \dfrac{1}{m}}\right)^{N-t} \times B_N + \sum_{i=t+1}^{N} \frac{T_i - G_i}{\left(1 + r + \dfrac{1}{m}\right)^{i-t}} \right] \qquad (4.9)$$

在现实情况中，需要对跨期模型施加非蓬齐博弈约束。蓬齐博弈是指这样一种计划：当发行人通过新债券获得借款时，他总能够用所获得的借款去支付旧债务，这样，这种债务就允许发行人拥有的终生消费现值超过其终生资源现值。"蓬齐博弈"从根本上来说就是一个"骗局"，对于地方政府而言，这种"拆东墙补西墙"的做法其实就是在构造一个虚无的"金字塔"，一旦地方政府资不抵债，难以偿还，金字塔会在转瞬间彻底坍塌，所以必须对地方政府施加非"蓬齐博弈"

约束，防止地方政府不断地通过发行新债来偿还旧债，施加该约束就要求地方政府的最终负债现值为 0。

所以对式（4.9）施加式（4.10）的非蓬齐博弈约束：

$$\lim_{N \to \infty}\left(1 / \left(1 + r + \frac{1}{m}\right)\right)^{N-t} \times B_N = 0 \qquad (4.10)$$

于是，简化的政府债务 N 期可持续跨期约束方程为：

$$B_t = \sum_{i=t+1}^{N} \frac{T_i - G_i}{\left(1 + r + \dfrac{1}{m}\right)^{i-t}} \qquad (4.11)$$

从式（4.11）可以看出，当期政府债务余额相当于以后各期财政盈余之和，并且与利率以及债务的期限结构等有比较密切的关系。

接下来考虑对地方政府财政收入和支出进行分解，将地方政府财政支出分为资本性支出（K）和经常性支出（C）。本书研究的基础设施建设费用属于资本性支出，记为 γK，$\gamma \in [0, 1]$ 表示基础设施建设费用占投资性支出的比重，基础设施维护费用属于经常性支出，记为 ρC，其中 $\rho \in [0, 1]$，表示基础设施维护费用占经常性支出的比重，$\gamma K + \rho C$ 表示基础设施费用，每年政府的基础设施支出为 D，满足 $D = \gamma K + \rho C$。

于是可得：

$$G_t = K_t + C_t = (1 - \gamma_t) \times K_t + (1 - \rho_t) \times C_t + \gamma_t \times K_t + \rho_t \times C_t \qquad (4.12)$$

用 D_t 表示地方政府基础设施支出，则可得：

$$D_t = \gamma_t \times K_t + \rho_t \times C_t \qquad (4.13)$$

最终的政府债务可持续跨期约束方程为：

$$B_t = \sum_{i=t+1}^{N} \frac{T_i - \left[(1 - \gamma_i) \times K_i + (1 - \rho_i) \times C_i + \gamma_i \times K_i + \rho_i \times C_i\right]}{\left(1 + r + \dfrac{1}{m}\right)^{i-t}}$$

$$(4.14)$$

在跨期预算约束方程中，基础设施建设费用所带来的债务绝对量可以用式（4.15）表示：

$$B_t(\text{Infras}) = \sum_{i=t+1}^{N} \frac{\gamma_i \times K_i}{\left(1 + r + \dfrac{1}{m}\right)^{i-t}} \qquad (4.15)$$

基础设施维护费用引致的债务绝对量可以用式（4.16）来表示：

$$B_t(\text{Maintain}) = \sum_{i=t+1}^{N} \frac{\rho_i \times C_i}{\left(1 + r + \dfrac{1}{m}\right)^{i-t}} \tag{4.16}$$

从式（4.16）可以反映出基础设施建设费用和维护费用所带来的期限结构风险。从静态的角度出发，可以看到，如果基础设施维护费用占比系数 ρ（在经常性支出中占比）越大，利率 r 越小，偿债年限 m 越大，则基础设施维护费引致的这部分债务规模越大，所引起的期限结构风险也会越大，从长期来看，一旦地方政府债务的资金链断裂，很难筹集到资金或筹集到的资金成本较高，会导致政府资金无法满足偿债需求，引发偿债危机，对地方政府造成非常不利的影响。对基础设施建设费用而言，其与基础设施维护费用不同之处主要在于其在资本性支出中的占比系数 γ，在其他条件不变的情况下，占比系数 γ 越大，基础设施建设费用带来的这部分债务规模越大。

从动态的角度来看，在 t 期，无论是基础设施建设费用还是基础设施维护费用引致的债务规模，在跨期预算约束下都与 $t+1$ 期至 N 期每期的基础设施建设和维护费用的求和项存在平衡关系。

基础设施投资规模的不断扩大，使得基础设施存量也随之增长，这也就必然导致对已经投入使用的基础设施进行维护等一系列问题。因此考虑到基础设施维护费用的产生根源，我们对基础设施维护累积费用和基础设施建设累积费用之间的关系作出假设，具体关系式如下：

$$\text{Fee(Maintain)}_t = \propto + \beta_1 \times \text{Fee(Infras)}_{t-1} + u, \ \beta_1 > 0 \tag{4.17}$$

在式（4.17）中，我们假设基础设施维护累积费用与滞后一期的基础设施建设累积费用呈正相关关系。

为了能够更清晰明了地看到地方政府在动态条件下对基础设施建设和维护费用的投入选择，笔者首先通过3期约束（即 $N = t+2$）来对该类情况下基础设施建设费用和基础设施维护费用进行一个简单的分析，三期约束公式如下：

$$B_t = \sum_{i=t+1}^{t+2} \frac{T_i - \left[(1 - \gamma_i) \times K_i + (1 - \rho_i) \times C_i\right]}{\left(1 + r + \dfrac{1}{m}\right)^{i-t}}$$

$$- B_t(\text{Infras}) - B_t(\text{Maintain}) \tag{4.18}$$

$$B_t(\text{Infras}) = \frac{\gamma_{t+1} \times K_{t+1}}{1 + r + \dfrac{1}{m}} + \frac{\gamma_{t+2} \times K_{t+2}}{\left(1 + r + \dfrac{1}{m}\right)^2} \tag{4.19}$$

$$B_t(\text{Maintain}) = \frac{\rho_{t+1} \times C_{t+1}}{1 + r + \dfrac{1}{m}} + \frac{\rho_{t+2} \times C_{t+2}}{\left(1 + r + \dfrac{1}{m}\right)^2} \tag{4.20}$$

假设 $t+1$ 期代表政府的短期行为，政府在 $t+1$ 期增加基础设施建设投入，即 γ_{t+1} 增大，由于基础设施维护费用具有一定的持续性，在 $t+1$ 期并不会减少，则在跨期预算约束下会产生两种影响：

一是保持资本性支出不变，减少在 $t+1$ 期基础设施建设外其他资本性支出费用 $(1 - \gamma_{t+1}) \times K_{t+1}$，这样在 $t+2$ 期，基础设施维护费用会由于 $t+1$ 期基础设施建设费用的增加而增加，这样就会对其他支出形成一定的挤占，故而致使其引致的债务 $B_t(\text{Maintain})$ 部分增大，为了满足跨期约束条件，则在 $t+2$ 期地方政府资本性支出势必会减少，这也表示在 $t+2$ 期基础设施建设费用的减少；

二是在 $t+1$ 期基础设施建设外其他资本性支出费用 $(1 - \gamma_{t+1}) \times K_{t+1}$ 不变，增加政府资本性支出，通常而言，在 $t+2$ 期，由于地方政府会维持一定的经济增长水平，这就使得 $t+2$ 期的资本性支出不会出现下降的情况，因而导致 $t+2$ 期基础设施维护费用支出 $\rho_{t+2} \times C_{t+2}$ 减少。

接下来我们放到 N 期跨期预算约束的条件下来进行分析，我们不妨以 $t+t_0$ 作为短期和长期的一个分界点（实际中并没有一个严格的时间点），具体公式如下：

$$B_t = \sum_{i=t+1}^{N} \frac{T_i - \left[(1 - \gamma_i) \times K_i + (1 - \rho_i) \times C_i\right]}{\left(1 + r + \dfrac{1}{m}\right)^{i-t}}$$

$$- B_t(\text{Infras}) - B_t(\text{Maintain}) \tag{4.21}$$

$$B_t(\text{Infras}) = \frac{\gamma_{t+1} \times K_{t+1}}{1 + r + \dfrac{1}{m}} + \frac{\gamma_{t+2} \times K_{t+2}}{\left(1 + r + \dfrac{1}{m}\right)^2} + \cdots + \frac{\gamma_{t+t_0} \times K_{t+t_0}}{\left(1 + r + \dfrac{1}{m}\right)^2} + \cdots + \frac{\gamma_N \times K_N}{\left(1 + r + \dfrac{1}{m}\right)^2}$$

$$\tag{4.22}$$

$$B_t(\text{Maintain}) = \frac{\rho_{t+1} \times C_{t+1}}{1 + r + \dfrac{1}{m}} + \frac{\rho_{t+2} \times C_{t+2}}{\left(1 + r + \dfrac{1}{m}\right)^2} + \cdots +$$

$$+ \frac{\rho_{t+t_0} \times C_{t+t_0}}{\left(1 + r + \dfrac{1}{m}\right)^2} + \cdots + \frac{\rho_N \times C_N}{\left(1 + r + \dfrac{1}{m}\right)^2} \quad (4.23)$$

就短期来讲，我国地方政府依然会将大量资金投资于基础设施建设，那么在 N 期跨期预算约束下，我们认为在 $t + t_0$ 期之前，资本性支出中基础设施建设占比 γ 会维持在一个较高的水平，短期内由于基础设施的不断累积，基础设施维护费用持续增加，由于经常性支出具有较强的刚性特征，基础设施维护费用在短期内的增加会导致其他资本性支出的相对减少，形成一定的资金挤占，这本质上是由于大量债务资金投入于基础设施建设而引起的；就长期来讲，$t + t_0$ 期之后，随着基础设施建设的逐渐饱和，地方政府在跨期预算的约束条件下，资本性支出中基础设施建设占比 γ 会逐步下降，然而地方政府为了保持一定的经济增长，一个明智的决定便是将短期内以基础设施建设为主的投资需求拉动经济增长，转变为长期以基础设施维护为主的持续稳定地消费需求拉动经济增长。短期内，由于难以进行资金结构的调整，基础设施的大量建设使地方政府债台高筑，同时维护费用的持续累积也对地方政府债务造成潜在的风险隐患。长期来看，为了满足跨期预算约束，地方政府应该对基础设施建设和维护费用作出动态的结构性调整，以使 $B_t(\text{Infras})$ 和 $B_t(\text{Maintain})$ 呈现一定的平稳性，以保证地方政府债务的长期可持续。

综上，通过以上简单的三期约束模型和 N 期约束模型的分析可以看到，若短期地方政府大举借债增加基础设施建设；则长期来看，若地方政府想要保持一定经济增长水平，一方面可以逐步增加基础设施维护费用，而减少基础设施建设费用的投入，作出结构性调整，形成一种动态的互补与均衡，使得基础设施投资的 GDP 增长点由建设投资本身及提供的相应的公共服务引起的社会生产技术改善逐渐向提供基础设施维护等服务性产业转变。另一方面地方政府也可以选择不对基础设施维护费用作出相应增加或者直接通过削减基础设施维护费用，而继续将资金投入在基础设施建设，通常此种做法也被视为"重建轻养"，会造成效率的损失。

如果地方政府偏向于以居民福利效用最大化为目标，则偏向于作出第一种选择。若地方政府偏向于以地方政府效用最大化为目标，则偏向于作出第二种选择。在后文部分，笔者将分别从政府的这两种行为出发建立效用函数，探索基础设施建设和维护费用所引致的债务风险。

二、基础设施建设费用和维护费用关系的实证分析

在本节中，为了验证做出的基础设施累积维护费用与基础设施累积建设费用之间相关关系的假设，笔者做了以下实证分析。

本部分实证选取了某些省份的 26 个县（市）级地方政府作为样本，主要变量为基础设施累积建设费用和基础设施累积维护费用，分别用 ainfra 和 amain 来表示，考虑到我国经济发展的总体趋势给基础设施建设费用以及维护费用带来的影响，也把地区生产总值作为一个变量加入实证模型中，用 gdp 来表示。同时考虑到基础设施维护费用相对于基础设施建设费用具有一定的滞后性，考虑将基础设施累积维护费用的滞后一期作为变量代入模型。为了降低变量间的异方差性，对各变量作出取对数的处理，取对数后的变量分别用 Lainfra、Lamain 和 Lgdp 来表示。本书所使用的地方政府债务的相关数据均通过财政部到某些省份的某些县市进行调研获得。①② 因为部分县市基础设施建设费用与维护费用统计口径不一，所以笔者与当地财政厅、财政局的相关负责人对政府决算报告里的一些分支项目进行汇总，通过国内一些大型的基础设施建设项目养护费用所占比例对其进行了调整。地区生产总值数

---

① 本书地方政府债务相关数据，均由笔者在财政部实习期间，通过财政部相关领导到某些省的某些县市进行调研获得。同时又因为部分县市基础设施建设费用与维护费用统计口径不一，所以笔者与当地财政厅、财政局的相关负责人对政府决算报告里的一些分支项目进行汇总以及通过国内一些大型的基础设施建设项目养护费用所占比例对其进行了计算。下面涉及相关数据的来源则不再赘述。

② 在本书中，由于债务数据的保密性，以及笔者与样本县市签订了保密协议，因此本书中对样本地区的表示均为字母代指。

据均来自各地区的统计年鉴，时间跨度为 2011 年至 2015 年。

综上所述，本节实证模型的总体形式如下：

$$Lamain_{it} = \alpha_{it} + \beta_1 Lainfra_{it} + \beta_2 Lainfra(-1)_{it} + \beta_3 Lgdp_{it} + U_{it} \quad (4.24)$$

上文假设基础设施维护费用具有滞后性，为验证这种滞后关系，选用 t 期基础设施维护费用 $Lamain_{it}$，t 期基础设施建设费用 $Lainfra_{it}$，t－1 期基础设施建设费用 $Lainfra(-1)_{it}$。由于样本数据时间跨度仅为五年，滞后期选取一期即可。若 t 期基础设施维护费用 $Lamain_{it}$ 与 t－1 期基础设施建设费用 $Lainfra(-1)_{it}$ 存在显著关系，说明上期基础设施建设费用导致本期基础设施维护费用的变化，说明基础设施维护费用具有一定的滞后性。

为了验证各变量时间序列数据的平稳性，首先对各变量进行面板单位根检验，具体结果如表 4-1 所示。

表 4-1　　　　　　Lamain、Linfra 和 Lgdp 单位根检验结果

变量	同质单位根	异质单位根		
	LLC	IPS	ADF－Fisher	PP－Fisher
Lamain	－19.651 (0.000)***	－4.972 (0.000)***	82.708 (0.000)***	105.516 (0.000)***
Lainfra	－24.803 (0.000)***	－3.401 (0.000)***	66.435 (0.085)***	87.591 (0.001)***
Lgdp	－12.737 (0.000)***	－7.165 (0.000)***	117.714 (0.000)***	202.055 (0.000)***

注：*** 表示在 1% 的水平下显著。

通过上文对各变量的平稳性检验可知，基础设施累积建设费用、累积维护费用和地区生产总值三个变量均通过平稳性检验，即各时间序列数据均平稳，故可对各变量进行建模，不会出现伪回归现象。

接下来建立面板回归模型，首先需要通过 F 检验和 H 检验对面板数据模型进行一定的识别。F 检验的原假设是模型中不同个体的截距项

α_i 相同（真实的模型为混合回归模型），备择假设是模型中不同个体的截距项 α_i 不同（真实模型是个体固定效应回归模型）。F 检验结果如表 4 - 2 所示。

表 4 - 2　　　　　　　　面板模型 F 检验结果

Effects Test	统计量	自由度	P 值
Cross-section F	51. 712	(25. 76)	0. 000
Cross-section Chi-square	300. 664	25	0. 000

通过表 4 - 2 的 F 检验结果可知，P 值小于 0.05，拒绝原假设，即应建立非混合效应模型，需继续对模型形式进行识别，以此来判断模型的具体形式。因此，仍然需要进行 Hausman 检验来协助判断是选择固定效应模型还是随机效应模型。Hausman 检验的原假设是：横截面效应与解释变量之间是不相关的，即应建立随机效应模型，其检验的统计量渐进服从自由度为 k 的卡方分布。

表 4 - 3　　　　　　　　面板模型 H 检验结果

Effects Test	卡方统计量	自由度	P 值
Cross-section random	50. 712	25	0. 003

通过表 4 - 3 的 Hausman 检验结果可知，P 值小于 0.05，拒绝原假设，即应建立固定效应模型，得到样本县市基础设施累积维护费用关于基础设施累积建设费用的模型结果。

表 4 - 4　　　样本县（市）级地方政府固定效应模型参数估计结果

变量	系数	标准误	T 统计量	P 值
C	- 4. 960	2. 957	- 1. 677	0. 113
Lainfra(- 1)	0. 052	0. 011	4. 727	0. 014

续表

变量	系数	标准误	T 统计量	P 值
Lgdp	0.151	0.075	2.014	0.028
	Y1 市	1.700	S 县	−1.604
	Y1 县	1.293	L 市	0.483
	H1 县	0.756	X 县	−1.202
	L 市	−0.378	G 市	−0.305
	S 市	0.504	Y 县	−1.110
	P1 县	0.609	N 区	−1.497
	Y1 县	−0.671	Y 市	−0.156
个体固定效应（C）	T 县	−0.001	P 县	−0.165
	Q 市	0.724	Z 县	0.672
	Y 区	−0.741	W 县	0.789
	X1 县	−0.060	Z2 县	2.001
	D 县	−0.780	X 县 − C	1.700
	Z1 县	1.004	G 市 − C	1.293
	H 县	−0.208	Y 县 − C	0.756
	Z 市	−1.657	Y 市 − C	−0.378
R^2	0.926	Mean dependent var		1.485
Adjusted R-squared	0.900	S. D. dependent var		0.995
S. E. of regression	0.314	Sum squared resid		7.514
F-statistic	35.394	Durbin − Watson stat		1.711
Prob（F-statistic）	0.0000	Obs		26

实证分析结果表明，当期基础设施建设额（Lainfra）未通过显著性检验，而滞后一期基础设施建设费用（Lainfra（−1））、地区生产总值（Lgdp）通过显著性检验，如表 4 − 4 所示，故基础设施累积维护费用关于基础设施累积建设费用关系的最终模型可表示为：

$$Lamain = -4.96 + 0.052Lainfra\ (-1) + 0.151Lgdp$$
$$(4.727) \qquad\qquad (2.014)$$

可以看到滞后一期的基础设施累积建设费用的系数为 0.052，这表明滞后一期的基础设施累积建设费用每增加 1%，则本期基础设施累积维护费用则会增加 0.052%。因此滞后一期的基础设施累积建设费用与本期基础设施维护累积费用是正相关关系，符合相关的预期假设。

三、地方政府债务预算平衡的实证分析

在本部分，对样本地区的债务规模是否满足本节提出的跨期预算约束条件进行实证分析。本部分数据依然采用上一小节的面板数据模型，其中财政收入与支出的数据来源于各地区的地方统计年鉴，地方财政收入与地方财政支出均为本级的收入与支出，财政支出包含政府的利息支出和债务余额本金支出，时间跨度依然为 2011~2015 年。

首先借鉴希洛克和拉什（Hakkio and Rush，1991）[①] 在研究政府支出和税收政策时候的做法，将如下最初的跨期预算方程进行变形。

$$G_t + r_t \times B_{t-1} = T_t + (B_t - B_{t-1}) \tag{4.25}$$

可得：

$$T_t = \alpha + \beta \times G_t^* + e_t \tag{4.26}$$

其中，G_t^* 为地方政府的财政支出，包含地方政府对债务的还本付息支出，e_t 为随机变量。满足当地地方政府债务预算平衡即要求满足前文所提出的跨期预算约束条件。我们在前面跨期预算约束模型中，得到了式（4.11）的政府债务可持续跨期约束方程：

$$B_t = \sum_{i=t+1}^{N} \frac{T_i - G_i}{\left(1 + r + \dfrac{1}{m}\right)^{i-t}}$$

由上式可以看出，在政府债务跨期预算约束的条件下，检验地方政府债务的预算平衡，即等价于检验。

$$E_t \lim_{N \to \infty} \frac{B_N}{\left(1 + r + \dfrac{1}{m}\right)^N} = A_0$$

----

① C S Hakkio, M Rush. Is The Budget Deficit "Too Large?" [J]. Economic Inquiry, 1991, 29（3）.

$$H_0：A_0 = 0；H_1：A_0 > 0$$

该式也意味着如果地方政府财政是可持续的，则变量 T_t 与 G_t^* 是存在协整关系的。同时考虑系数 β，若 $\beta = 1$，表明地方政府财政是强可持续性的，而若 $0 < \beta < 1$，则称作地方政府财政的弱可持续性。

在实证分析中，首先要对变量的平稳性做出检验，在本部分即对地方政府的财政收入和财政支出进行单位根检验。为了降低变量的异方差性，先对数据取对数，分别将上面的财政收入和财政支出的对数记做 LT 和 LG，单位根检验结果如表 4 – 5 所示。

表 4 – 5　　　　　　　LT 和 LG 的面板单位根检验结果

变量	同质单位根	异质单位根		
	LLC	IPS	ADF – Fisher	PP – Fisher
财政收入（LT）	– 1. 538（0. 062）*	– 1. 572（0. 058）*	– 1. 141（0. 127）	17. 889（0. 061）*
财政支出（LG）	– 2. 614（0. 051）*	– 0. 097（0. 128）	18. 987（0. 109）	26. 913（0. 132）

注：＊表示在 10% 的水平下显著。

通过对各变量的平稳性检验可知，财政收入与财政支出两个变量在 5% 的显著性水平均未通过平稳性检验，即各时间序列数据不平稳，故可对各变量进行面板协整检验。检验结果如表 4 – 6 所示。

表 4 – 6　　　　　　　Pedroni 面板协整检验结果

面板协整统计量	Statistic	Prob.	Weighted Statistic	Prob.
Panel v – Statistic	0. 215	0. 402	0. 534	0. 219
Panel rho – Statistic	0. 182	0. 297	0. 613	0. 301
Panel PP – Statistic	– 1. 018	0. 223	– 0. 087	0. 081
Panel ADF – Statistic	– 4. 023	1. 003	– 3. 973	0. 054

对 Pedroni 面板协整检验而言，当 N < 30 时，Panel rho – Statistic 的

拒绝度在所有统计量中最低，而 Panel ADF – Statistic 的拒绝度在所有统计量中最高，因此二者是较为稳定的统计量。从本小节的 Pedroni 面板协整检验结果来看，在 5% 的显著性水平下，这两个统计量并没有通过检验。所以就本小节的样本来说，其地方政府的财政支出与收入并不具备协整关系。这也说明，从跨期预算约束的实证检验角度来看，样本所代表的我国地方政府财政缺乏可持续性，尤其在基础设施建设费用持续投入，基础设施维护费用规模不断积累的背景下，导致地方政府债务很难持续性的增长，从而带来一定的债务风险。

第二节　建与护：地方政府举债动机分析

一、居民福利效用最大化函数模型

（一）模型建立

以居民享受到基础设施带来的效用表示居民福利，地方政府在一定的财政约束下通过基础设施建设费用和维护费用的投入来保证居民贴现效用之和最大化。考虑到时间因素，居民会面临跨期的效用问题，可以用折现效用理论中的折现效用函数来表达决策者对于居民的跨期偏好。对决策者而言，其首先需要估计出未来的每一期效用，然后将其通过统一的折现率折算成现值。传统的效用函数一般包括跨期替代弹性和风险规避系数。

通过参阅已有的效用函数文献发现，效应函数主要体现在消费效用的度量上，没有文献研究以效用函数度量居民与政府的效用关系。本书拓展了效用函数的应用领域，借鉴居民消费效用函数的思想，构建了基础设施建设和维护费用与居民效用的函数关系。

假设居民的效用函数为常数跨期替代弹性（CRRA）效用函数 $U(s) = s^{1-\sigma}/(1-\sigma)$，其中 $\sigma > 0$ 是居民的相对风险回避系数，也是居民跨期替代弹性的倒数，当 $\sigma = 1$ 时，即为对数形式的效用函数：$U(s) = $

$\ln(s)$，s 表示基础设施建设与维护费用总和。

该函数表示在时期 t 与时期 t + 1 之间的基础设施效用的跨期替代弹性，它刻画的是两个时期之间居民享受的基础设施数量变动与基础设施成本比率的相对变动的反应程度。那么，基础设施建设给居民带来的贴现效用之和，即社会福利可表示为：$\max\int_0^\infty U(s)e^{-pt}dt$，其中 p 表示主观贴现因子，反映了居民的耐心程度。

$$\begin{cases} \max\limits_{\gamma,\rho,\varphi,\alpha,\delta} & \int_0^\infty U(s)e^{-pt}dt \\ \text{s. t.} & s = \gamma K + \rho C \\ & U(s) = s^{1-\sigma}/(1-\sigma) \\ & K + C \leqslant T + \theta V + B + Z \\ & B \leqslant \beta(1-\theta)V \\ & \gamma K + \rho C \leqslant D \\ & \delta \in [0,1] \\ & \alpha \in [0,1] \\ & \gamma \in (0,1] \\ & \rho \in (0,1] \\ & \theta \in (0,1] \\ & \varphi \in [1,+\infty) \\ & \beta \in [0,1] \end{cases} \qquad (4.27)$$

（二）模型推论

推论 1：主观贴现因子 p 越大，政府用于基础设施费用的支出越多。

设目标函数为 $W = \int_0^\infty U(s)e^{-pt}dt$，则 $\dfrac{\partial W}{\partial p} = \left(1 + \dfrac{1}{p^2}\right)\dfrac{(\gamma K + \rho C)^{1-\sigma}}{(1-\sigma)}e^{-pt}$，

$\dfrac{\partial W}{\partial p} > 0$ 居民效用函数与主观贴现因子同向变化，表明在一定的约束条件下，居民越注重当期享受，政府在基础设施上的财政支出越大。若发生居民不理性的情况，即一味地追求福利最大化，而忽视了政府的预算约束，将会引致地方政府债务风险。

推论2：主观贴现因子 p 越大，居民越注重当期享受，政府基础设施建设费用越大，而会忽视基础设施维护。

均衡解 $K = \left(1 - \dfrac{e^{-pt}}{\gamma}\right)\Omega$，$C = \dfrac{e^{-pt}}{\rho}\Omega$，其中，$\Omega = t + f + \theta lp + B - d$，那么 $\dfrac{\partial K}{\partial p} = \dfrac{pe^{-pt}}{\gamma}\Omega > 0$，$\dfrac{\partial C}{\partial p} = -\dfrac{pe^{-pt}}{\rho}\Omega < 0$，资本性支出 K 与主观贴现因子 p 同向变动，经常性支出 C 与主观贴现因子 p 反向变动，若居民越注重当期享受，即 p 越大，资本性支出越大，经常性支出越小，相应地基础设施建设费用会增多，而基础设施维护费用会减少。这表明，当地居民越注重当期享受，愿意使用全新完善的基础设施，这就要求政府进行规模比较大的基础设施建设，完善基础设施服务，而对基础设施维护的关注较少，相应地，地方政府在基础设施维护上的费用也会相应减少。

推论3：风险规避系数 σ 越大，政府基础设施费用支出越少，居民福利会相应降低。

在一定预算约束下，风险规避系数反映了政府对于风险的容忍程度，若风险规避系数越大，表明该地方政府属于风险保守型，大规模举债行为发生概率较小。$\dfrac{\partial W}{\partial \sigma} = -\dfrac{e^{-pt}}{p}\left[\dfrac{(\gamma K + \rho C)^{1-\sigma}}{(1-\sigma)^2} + (\gamma K + \rho C)^{-\sigma}\right]$，$\dfrac{\partial W}{\partial \sigma} < 0$，居民福利与风险规避系数成反向变动，若风险规避系数 σ 越大，在政府财政能力有限的情况下，政府在基础设施上的财政支出会相应减少，居民福利也会相应减少。

（三）小结

本小节以居民福利效用最大化为前提，利用常数跨期替代弹性效用函数对居民效用进行刻画，并通过设定跨时期居民享受的基础设施数量变动与基础设施成本的比率的相对变动的反应程度，来描述基础设施给居民带来的贴现效用，并分析了主观贴现因子和风险规避系数对居民福利以及基础设施支出影响。居民福利最大化函数从居民享受福利的角度权衡基础设施建设与维护费用的关系，可从两个方面分开考虑：一是居民是否更加注重当期享受，若居民认为新的基础设施带来的效用更大，在一定的财政预算约束下，地方政府便会更倾向于新建基础设施，而不注重原有基础设施的维护，造成"重建轻养"的局面；二是基于政府的角度，若政府属于风险规避型，在一定的财政约束下，举债投资基础设施的概率相对较小，相应的，政府在基础设施建设和维护的费用也会减少，居民从基础设施中得到的福利下降；反之，若政府并不会过多地关注风险，而通过举债方式增加基础设施建设和维护费用，以期使得居民得到的福利有所提高。可以说，地方政府从居民福利最大化的角度考虑，更倾向于增加基础设施建设与维护费用，而这会放大债务风险。若要降低地方债务风险，政府一方面可以增加基础设施维护费用，引导居民感受基础设施带来的成本效益；另一方面，地方政府应增强风险意识，调整财政支出格局，适当增加基础设施维护费用支出，以保证居民的福利水平不降低。

二、地方政府效用最大化函数模型

从经济学角度来看，地方政府具有"理性人"特点，在保障人民群众利益的同时，也在追求自身利益最大化。乔宝云、刘乐峥等（2014）学者曾对地方政府的激励制度进行了比较分析，他们的研究结果表明，晋升锦标赛制和财政分成制是中央政府对地方政府激励的两种主要模式，并且在区域之间禀赋和发展水平差异较大的情况下，对中央政府和社会福利效用最大化的角度而言，财政分成制度更优。但是就这两种激励制度而言，其本质都是在解释地方政府推动其地方政府经济的发展动机。从本质上来看，这两种激励制度都是在解释地方政府推动其经济发展的动机。由于官员利益无法量化，所以在研究二者关系时，前人的研究多是理论推导，且从基础设施费用视角出发的研究较少。那么，地方政府大举举债，并不断地将债务资金投入到基础设施建设是否与地方政府官员的利益休戚相关呢？本节通过建立地方政府效用函数刻画地方政府的行为选择，将基础设施费用与地方政府推动其地区经济发展相联系起来，以此来分析两者之间的关系，探索地方政府基础设施建设及维护所引致的债务风险成因。

（一）模型前提

前提一：借鉴周黎安对我国中央政府对地方政府激励制度的研究，作出地方官员围绕 GDP 增长而进行"晋升激励"模式的假设。[①] 我国政府实行多级体制，上级政府要对下级政府的工作进行考核，而考核的结果与官员的晋升挂钩，考核结果越好，地方政府官员晋升的机会就越大，所以作为地方政府而言，它们的效用函数便是使得中央政府或者是上级政府满意。虽然作为反映国民经济整体运行状况的指标，GDP 有很多不足之处，但是就现实的情况来看，GDP 依旧是中央政府考核地方政府的主要指标，刘再起、徐艳飞的研究也证明了这一点，他们的研究表明，在我国当前的集权政治制度架构下，地方政府在实现地区经济增长与追求自身利益最大化的两个目标之间并不矛盾，二者在一定程度上是紧密相关的。[②] GDP 的增长率是在宏观经济中一个比较关键的观测指标，本节以 GDP 增长率 zz 表示中央政府满意度。按照各年是否可比，可以将 GDP 增长率分为现价 GDP 增长率与可比价 GDP 增长率，现价 GDP 增长率 xx_t 的计算公式如下：

$$xx_t = \frac{GDP_t - GDP_{t-1}}{GDP_{t-1}} \times 100\% = \left(\frac{GDP_t}{GDP_{t-1}} - 1\right) \times 100\% \quad (4.28)$$

可比价 GDP 增长率 zz_t 与现价 GDP 增长率 xx_t 的关系为：

$$zz_t = \frac{1 + xx_t}{yy_t - 1} \quad (4.29)$$

式（4.29）中 yy_t 表示价格指数。GDP 增长率的计算中，由于地方政府公布了截至上年度的 GDP 的值，所以本节认为 GDP_{t-1} 是已知的，所以在模型的推导中将其作为已知数处理。在理论推导过程中，我们并不考虑对 GDP 进行价格平减处理。

前提二：柯布—道格拉斯生产函数是经济学中使用最广泛的一种生产函数形式，该函数是由美国数学家柯布（Cobb）和经济学家道格

---

① 周黎安. 中国地方官员的晋升锦标赛模式研究 [J]. 经济研究, 2007 (七).

② 刘再起, 徐艳飞. 转型时期地方政府利益偏好与经济增长 [J]. 财贸研究, 2014 (2)：84 – 94.

拉斯（Douglas）一起创造的生产函数，表达式如下：

$$GDP_t = AK_t^\alpha L^\beta \qquad (4.30)$$

式（4.30）中，A 表示为当地技术发展水平，L 表示当地的劳动投入量，K 表示当地的资本投入存量，α 与 β 分别表示为资本与劳动产出弹性系数。

地方政府投资的来源主要有两个：一个是地方社会资本 K_1，另一个是地方政府投资 K_2，因为投资对经济的拉动作用，地方政府投资中有绝大部分投资于基础设施建设，所以将地方政府投资分为两部分，一部分是基础设施投资 K_{21}，另一部分是其他投资 K_{22}。相关关系式如下：

$$K = K_1 + K_2$$
$$K_2 = K_{21} + K_{22}$$

为了更好的分析基础设施费用与地方政府效用函数的关系，本节假定在一定时期内当地的技术发展水平和劳动力水平不发生变化，地方政府投资对其他部分的投资不会发生变化。

前提三：李淑娟的研究表明，除了让中央政府满意之外，地方政府追求的另一个重要目标是对于当地经济的实际控制权。[①] 地方政府实际控制权的多少能够反映该级地方政府实际控制资源的多少，能够控制的资源越多，自然地方政府拥有的"权力"就越大，地方政府就可以合理地调配资源，服务于地方经济发展，从本质上来讲，对于地方经济的实际控制权的追求也是基于推动地方经济发展而出发的。地方财政收入能够在一定程度上反映地方经济的发展水平，是反映地方经济的"晴雨表"，所以本节使用财政收入来反映地方政府对经济的实际控制权。

地方政府收入由四部分组成：一是税收收入，以 T(T > 0) 表示；二是上级转移支付，以 F(F > 0) 表示；三是土地出让收入，当年土地出让价格为 P(P > 0)，当年地方政府出让土地面积为 J(J > 0)，所以当年土地出让收入为 JP；四是土地抵押贷款，地方政府可以用手中拥有的剩余土地向金融机构申请贷款 D，以获得充足的资金供给，所以地

---

① 李淑娟. 解析政府竞争视角下的地方政府融资行为——兼论我国地方政府债务形成与膨胀 ［J］. 现代经济探讨, 2014（1）：47 – 50.

方政府财政收入 $C_t = T_t + F_t + J_tP_t + D_t$。

前提四：地方政府通过抵押或者出让土地，获得充足的资金，弥补了地方财政的收支缺口。地方政府有充足的资金投资于基础设施建设，基础设施建设越完善，土地的交易价格便会显著的提升，土地的价值也得以提高，这一点在王军辉、邓文博（2015）的研究中得到了证实。所以本节假设，土地价格 P 与基础设施建设费用 K_{21} 之间存在正相关，相关系数为 h，所以：

$$P_t = hK_{21t} \tag{4.31}$$

前提五：我国政府实行软预算约束，地方政府财政发生困难的时候，都有中央政府"搂底"，所以本书认为作为中央政府代理人的地方政府，一旦发生债务危机，中央政府一定会采取一系列有效的措施帮助其渡过危机。

（二）模型建立

本节假设由两部分构成了地方政府效用函数，一个构成是地方政府对中央政府满意度的追求，另一部分构成是地方政府对经济的实际控制权的追求，且中央政府对地方政府的满意度越高，地方政府对经济的实际控制权越大，地方政府的效用函数越大。

本节假设地区生产总值增长率 ZZ_t 对地方政府的边际效用 u_1，地方政府的财政收入 C_t 对地方政府的边际效用为 u_2，ZZ_t 越高，中央政府对地方政府的满意度越高，地方政府效用越大，C_t 越大，说明地方政府对经济拥有越强的实际控制权，因此二者对地方政府效用而言均为正效应，所以 u_1 和 u_2 均大于 0。由于地方政府在短期内追求的目标不会发生变化，本节认为地方政府对两者的偏好在短时间内是不会发生变化的，所以 u_1 和 u_2 设定为常数。综上所述，地方政府的效用函数可用如下函数形式表示：

$$U = u_1ZZ_t + u_2C_t \tag{4.32}$$

整理之后得：

$$U = \frac{u_1}{GDP_{t-1}}AK_t^{\alpha}L^{\beta} + u_2(T_t + F_t + J_tP_t + D_t) - u_1 \tag{4.33}$$

（三）债务风险形成过程分析

本小节建立模型的目的是为了分析在地方政府效用最大化的前提下，基础设施费用与地方政府债务风险之间的关系。就我国目前的情况来看，对于地方政府，尤其是县级地方政府而言，因为其自身基础设施并不健全，很难吸引到资金的流入，所以社会投资很少，地方经济的发展主要依靠的是政府的投入，而地方政府为了保障地方经济的快速发展，将绝大部分的资金投向基础设施，对其他部分的投资也是有限的，本节认为二者在短时间内是不会发生变化的，所以在社会投资 K_1 与其他投资 K_{22} 二者不变的条件假设下，地方政府效用的变化随投资 K 的变化本质上与地方政府效用与基础设施投资 K_{21} 的变化相同，即基础设施投资 K_{21} 对地方政府效用 U 的影响，对效用函数求偏导能够达到这个目的。首先对地方政府效用函数进行整理，得到如下效用函数形式：

$$U = \frac{u_1}{GDP_{t-1}} A(K_{1t} + K_{21t} + K_{22t})^{\alpha} L^{\beta} + u_2(T_t + F_t + J_t h K_{21t} + D_t) - u_1$$

$$(4.34)$$

接下来分别将 U 对 K_{21} 求一阶和二阶偏导，得到的函数形式如下：

$$U'_{K_{21}} = \alpha \frac{u_1 A(K_{1t} + K_{21t} + K_{22t})^{\alpha-1}}{GDP_{t-1}} L^{\beta} + hu_2 J_t \qquad (4.35)$$

$$U''_{K_{21}} = \alpha(\alpha - 1) \frac{u_1 A(K_1 + K_{21} + K_{22})^{\alpha-2} L^{\beta}}{GDP_{t-1}} \qquad (4.36)$$

一阶偏导系数为 α，二阶偏导系数为 $\alpha(\alpha - 1)$，叶宗裕运用 27 个省份 2001~2010 年的数据估计的资本产出系数为 $\alpha = 0.439 < 1$，按照本小节推导的偏导公式计算可得，$U'_{K_{21}} > 0$，$U''_{K_{21}} < 0$，这是符合边际效用递减规律的，它表明在劳动投入与科技发展水平保持不变的情况下，增加地方基础设施投资能够增加地方政府效用，但是随着基础设施投资的不断增加，地方政府效用的增加额呈现出递减的趋势。[①]

通过上面的分析，结合 U 对 K_{21} 一阶和二阶偏导函数，能够推出如

---

① 叶宗裕. 全国及区域全要素生产率变动分析——兼对 C－D 生产函数模型的探讨 [J]. 经济经纬，2014（1）：14－19.

下地方政府基础设施投资 K_{21} 与地方政府效用 U 的关系如图 4 - 1 所示。

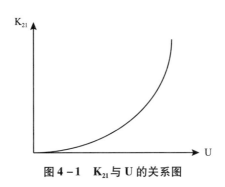

图 4 - 1　K_{21} 与 U 的关系图

由图 4 - 1 可知，随着基础设施投资的增加，地方政府自身效用也在逐渐地增加。地方政府投资于基础设施，既能够保障公共利益，也能够满足自身利益，这是一种双赢的局面，所以以地方政府效用最大化为目标的地方政府会继续将资金投资于基础设施建设，基础设施规模的增大，必然会带来基础设施维护费用的增加，如此以往，必然会带来政府借债规模的扩大，但对于地方政府而言，即使发生债务危机，也有中央政府为其"搂底"，保证地方政府的财政安全，所以，就大多数地方政府而言，债务规模并不是地方政府借债时考虑的主要因素。这也埋下了债务风险的隐患，很有可能引发债务危机。

（四）　债务风险衍化过程分析

根据前面的分析可得，理性的地方政府会继续增大地方政府债务投资于基础设施建设，但地方政府因为投资于基础设施建设引起债务风险的高低不能仅仅通过摘取规模的大小来判断，本节引入基础设施引致的债务的负担率 r 来评价地方政府对于基础设施投资所引起的债务偿债能力，具体的计算公式如下：

$$r = \frac{K_{21} + C_{21}}{GDP_t} \qquad (4.37)$$

其中，C_{21} 表示基础设施投资 K_{21} 所引起的基础设施维护费用部分。因为：

$$U = \frac{u_1}{GDP_{t-1}} A (K_{1t} + K_{21t} + K_{22t})^{\alpha} L^{\beta} + u_2 (T_t + F_t + J_t h K_{21t} + D_t) - u_1$$

$$(4.38)$$

即：

$$U = \frac{u_1}{GDP_{t-1}} GDP_t + u_2 (T_t + F_t + J_t P_t + D_t) - u_1 \qquad (4.39)$$

又 U 对 GDP_t 求偏导，得下式：

$$U'_{GDP_t} = \frac{u_1}{GDP_{t-1}} \qquad (4.40)$$

所以：

$$U = U'_{GDP_t} \times GDP_t + u_2 (T_t + F_t + J_t P_t + D_t) - u_1 \qquad (4.41)$$

整理得：

$$r = \frac{(K_{21} + C_{21}) \times U'_{GDP_t}}{U + u_1 - u_2 (T_t + F_t + J_t P_t + D_t)} \qquad (4.42)$$

欧盟在《稳定与增长公约》中对负债率警戒线规定的参考值是
60%，因为没有针对基础设施引致的债务设定的负债率警戒线，这
里不妨将其作为基础设施引致的债务的负债警戒率，实际情况下债
务负债率应该小于60%。即 $r \leqslant 60\%$，将其带入式（4.42）进行整
理得：

$$C_{21} + K_{21} \leqslant \frac{0.6 \times [U + u_1 - u_2 (T_t + F_t + J_t P_t + D_t)]}{U'_{GDP_t}}$$

即在保证地方政府能够偿债的基础上，由基础设施建设投资引起
的地方基础设施维护费用应该满足上述条件。

设 m 为基础设施引致的债务的风险警戒线：

$$L = \frac{0.6 \times U}{U'_{GDP_t}} + \frac{0.6 \times u_1}{U'_{GDP_t}} - \frac{0.6 \times u_2 (T_t + F_t + J_t P_t + D_t)}{U'_{GDP_t}}$$

在上一小节中知道，地方政府效用 U 是地方政府基础设施投资
K_{21}的增函数，将基础设施引致的债务风险警戒线引入效用图中，如
图 4-2 所示。

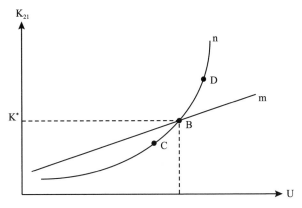

图 4 - 2　基础设施维护费用与地方政府效用关系

在图 4 - 2 中交点 B 为地方政府效用曲线与基础设施引致的债务风险警戒线的交点，满足地方政府债务资金的约束区域为 m 线以及其下方的区域，即满足负债警戒率小于等于 60%，B 点为地方政府基础设施所引致债务的警戒点，如果在该债务警戒点以下，则表明地方政府基础设施建设所引致债务的风险是可控的，如果在该债务警戒点以上，则表明基础设施建设所引致的债务规模过大，容易引发债务危机。对于地方政府来说，往往只考虑基础设施投资带来的这部分债务，而忽略了由于基础设施建设而引起的维护费用增加，导致实际 m 线会随着基础设施投资 K_{21} 的增加而比地方政府预期的更低，也就是说，基础设施建设的投入会引起基础设施维护费用的增加，从而引致隐藏的债务风险。

如果地方政府债务规模过大，当其超过警戒点后，从图 4 - 2 可以看到地方效用仍处于上升趋势，这主要是由于我国各级政府间的关系实际上是一种"父子关系"，在我国地方政府发生债务危机后，有中央政府为其"搂底"，中央政府便会采取措施来协助地方政府渡过危机。地方政府面临违约行为，这笔债务便会转移给中央政府。

为了方便分析，我们假设有两个地方政府基本情况一致，地方政府有以下两种选择：一是将基础设施建设所引致的债务控制在警戒点 B 以下，一种是基础设施建设引致的债务超过 B 点。二者简单的博弈情况如表 4 - 7 所示。

表 4 – 7　　　　　　　　　　　　地方政府博弈情况

地方政府 B	地方政府 A	
	$K_{21} < K^*$	$K_{21} > K^*$
$K_{21} < K^*$	U_1，U_1	U_1，U_2
$K_{21} > K^*$	U_2，U_1	U_2，U_2

U_1 和 U_2 分别对应地方政府在 $K_{21} < K^*$ 和 $K_{21} > K^*$ 情况下的效用。由于 U'_{K21}，也就是说，地方政府在以自己效用函数最大为目标的前提下，会在跨期预算约束的条件下，不断提高基础设施投资费用，均衡点为（$K_{21} > K^*$，$K_{21} > K^*$），这表明在有中央政府为地方政府"搂底"的情况下，地方政府与同级看齐，都有突破债务警戒点持续增加基础设施投资的冲动，重视短期内的投资行为，却忽略了长期基础设施维护所引致的债务风险。从中也可以看出，以地方政府效用最大为目标的地方政府行为会导致地方政府债务风险积聚。

（五）小结

本节以地方政府效用最大化为前提，通过构建地方政府效用函数，将地方政府推动地方经济发展与基础设施费用联系起来，以此来分析两者之间的关系，探索地方政府基础设施建设及维护所引致的债务风险成因。我们将 GDP 增长率作为反映中央政府满意度的指标，地方政府的财政收入作为反映地方政府的实际控制权的指标，对二者设定不同的权重，以此来对地方政府效用进行刻画。在资本投入中，我们分离出基础设施建设投资，通过分析其与地方政府效用的变化，分析了在地方政府效用最大化情形下，随着基础设施投资的增加，地方政府自身的效用也在逐渐地增加，所以地方政府会持续将资金投资于基础设施建设，基础设施规模的增大，必然会带来基础设施维护费用的增加。随后我们引入基础设施引致的债务负担率，考虑到基础设施维护费用的基础上，分析了基础设施建设引起的债务风险的衍化。分析表明在有中央政府为地方政府"搂底"的情况下，地方政府会与同级看齐，有突破债务警戒点持续增加基础设施投资的冲动，重视短期内的投资行为，却忽略了长期基础设施维护所引致的债务风险。

第三节　本章小结

本章分别从跨期预算约束下地方政府债务风险成因分析和政府不同行为选择下产生的债务风险两部分展开对地方政府债务，基础设施建设费用和基础设施维护费用的理论建模和实证分析。

笔者从地方政府的角度出发，建立了跨期预算约束下地方政府债务风险控制模型，并通过理论模型对地方政府的举债行为进行了阐述。主要结论如下：

（一）若短期地方政府大举借债增加基础设施建设，则长期来看，地方政府为了保持一定经济增长水平，一方面可以逐步增加基础设施维护费用，而减少基础设施建设费用的投入，作出结构性调整，使得基础设施投资的 GDP 增长点由建设投资本身及提供的相应的公共服务引起的社会生产技术改善逐渐向提供基础设施维护等服务性产业转变。另一方面，地方政府也可以选择不对基础设施维护费用作出相应增加或者直接通过削减基础设施维护费用，而继续将资金投入在基础设施建设，通常此种做法也被视为"重建轻养"。

（二）通过对某些省份的 26 个县（市）级地方政府的实证分析，我们得到滞后一期的基础设施累积建设费用对基础设施累积维护费用的影响系数为 0.052，这表明滞后一期的基础设施累计建设费用每增加 1%，则本期基础设施累计维护费用则会增加 0.052%。这表明滞后一期的基础设施累计建设费用与本期基础设施维护累计费用是正相关关系，符合相关的预期假设。

（三）对 26 个样本地区的债务规模是否满足本节提出的跨期预算约束条件进行实证分析，结果表明，从跨期预算约束的实证检验角度来看，样本所代表的我国地方政府财政缺乏可持续性，尤其在基础设施建设费用持续投入，基础设施维护费用规模不断积累的背景下，导致地方政府债务很难持续性地增长，从而带来一定的债务风险。

（四）在地方政府以居民福利效用最大化为目标的前提下，反映居民耐心程度的主观贴现因子 p 越大，政府用于基础设施费用的支出越多，并且居民越注重当期享受，政府基础设施建设费用越大，而会忽视基础设施维护。

（五）在地方政府以居民福利效用最大化为目标的前提下，风险规避系数 σ 越大，政府基础设施费用支出越少，居民福利会相应较少。

（六）在地方政府以地方政府效用最大化为目标的前提下，投资于基础设施，地方政府既能够保障公共利益，也能够满足自身利益，所以地方政府会继续将资金投资于基础设施建设，这必然会带来政府借债规模的扩大。

（七）在基础设施投资的带动下，地方政府经济实现了快速发展的同时，其实现了自身效用的最大化，以地方政府效用最大化为目标的地方政府会持续将大量资金投资于基础设施建设，这必然会带来政府借债规模的扩大。

（八）地方政府在以自己效用函数最大为目标的前提下，会在跨期预算约束的条件下，不断提高基础设施投资费用，在有中央政府为地方政府"搂底"的情况下，地方政府与同级看齐，都有突破债务警戒点持续增加基础设施投资的冲动，导致地方政府债务风险积聚。

第五章

我国地方政府债务风险评估的实证分析

第一节　我国地方政府债务风险的描述

一、地方政府债务信用风险

信用风险的实质是主体是否存在违约风险，一般来说，主要违约行为有两种：第一是主观违约，偿债人有偿付能力，主观上却不愿偿还。第二是客观违约，即债务人由于自身无偿还能力而被迫违约。主观违约难以测量，因此，信用风险主要是评估由于客观因素导致违约的情况，然而，违约不仅与自身经济能力有关，也与债务的可转移性密不可分，即违约人的债务是否能够转移给担保人来承担，这在一定程度上可以降低违约风险。因此，在实际度量违约风险时，不仅需要考虑偿债人的经济能力，也需考虑债务的可转移性。

我国各级政府间的关系与西方不同，我国政府实行软预算约束，所以从本质上来看，中央政府与地方政府之间的关系是一种"父子式"关系，一旦地方政府经济困难，存在"破产"危机，中央政府便会伸出援手，所以从理论上说，地方政府并不存在破产的风险。软预算约束对于我国而言是把"双刃剑"，在保证我国各级地方政府稳健运行的同时，更有利于地方政府将其存在违约风险的债务转移给中央政府。

然而，地方政府债务转移的前提是建立在中央政府有一定偿还能力的基础上，那么就现实的情况来看，地方政府的债务转移至中央政府后，中央政府是否有能力偿还仍旧存疑。

中央政府的偿债能力主要受两个方面的影响，一是政府税收，二是中央银行的债券融资能力。我国中央政府与中央银行的关系与西方是不同的。西方的中央银行与政府是独立存在的，二者不存在领导关系，所以中央政府是无法控制中央银行的，而我国中央政府与中央银行的关系并不是独立存在的，而是错综复杂的，中央银行对货币的发行实际上是由中央政府来主导的，所以与西方国家相比，我国中央政府能够通过中央银行获得足够的资金。中央政府可以通过中央银行行使货币发行权，增发货币量，以偿还债务。从这个角度来看，我国中央政府是有能力接受地方政府的债务转移的。再加上我国中央政府掌握了我国主要的税源，所以从理论上来说中央政府偿债能力是无穷的。地方政府通过转移违约风险，化解了破产危机，实现了政局的稳定。

在上述我国中央政府和地方政府两极经济系统下，传统的信用风险评估体系无法充分地体现我国地方政府债务风险。本章基于 KMV 风险预警模型，评估我国地方政府债务风险，并且在基础设施维护费用视角下对债务规模进行实证分析，从而便于更真实、更清晰、更准确地刻画我国地方政府实际的债务状态。

二、地方政府债务规模描述

为了更加直观地反映地方政府债务状况，结合数据的可得性，选取合适的指标，本小节从以下五个角度进行描述性统计分析：政府债务情况、政府财政收支状况、基础设施建设状况、经济发展状况和社会发展状况。

（一）反映政府债务情况的指标

在经济分析中，有很多指标可以反映政府的债务状况，考虑到数据的可获得性以及代表性，在本书实证部分，选取了地方债务总额来反映该地区的债务情况。同时为了对基础设施建设进行厘定，采用地方债务中用于基础设施建设额度作为基础设施建设与地方债务规模之间的一个过渡指标。

（二）反映政府财政收支状况的指标

地方政府是否举债、举债多少，与地方政府财政收支状况息息相关。由于1994年我国的分税制改革导致地方政府事权与财权的不匹配情况日益突出，地方政府收入相比分税制实施前显著减少，而相应的事权责任依然存在，地方政府只能通过举债的方式履行事权职责。为此，本书将选取地方政府财政收入和财政支出两个指标以反映该政府的财政收支状况并提出设想，地方政府债务规模与政府财政支出正相关，与政府财政收入负相关。

（三）反映基础设施建设的指标

地方政府为促进地区经济快速发展，通过举债方式进行基础设施投资。因为本书的研究重点是地方政府债务风险，对于基础设施而言，选择了地方债务中用于基础设施费用占额来反映基础设施投资规模，用基础设施维护费用指标来衡量地方基础设施维护费用的大小，所以设定：基础设施维护费用与地方债务规模呈正相关。

（四）反映经济发展状况的指标

地方经济发展水平决定了地方政府的还债能力，也能在一定程度上限制地方政府的举债规模，所以经济发展水平是影响政府举债规模大小的重要因素。从经济发展与地方债务规模之间的关系来看，二者之间可能具有双向的影响，影响效应可能为正，也可能为负。

（五）反映社会发展状况的指标

在本部分，主要选取了人口增长率和城镇化率两个指标来反映一个地方的社会发展状况。这主要是考虑到城镇化和人口的增长是基础设施建设的主要推动力，所以设定城镇化率与人口增长率与地方债务规模均成正相关关系。

在数据采集方面，由于我国政府财政收支数据细分到县级的数据缺乏，本书所使用的地方政府债务的相关数据均通过财政部到某些省的某些县市进行调研获得。时间跨度为 2011～2015 年。本小节由于篇幅原因，选取了五个典型的样本地区来做描述，这里选择的地区样本分别用 G 市、L 市、X 县、Y 县、Y 市代指。通过前面的分析表明，这五个样本地区足具代表性，主要基于以下理由：一是充分考虑了地区差异。由于我国各地区经济发展水平不一，各地区地方政府债务也有不同的特点，五个样本点综合考虑了我国东、中、西部地区的特征；二是充分考虑了级次差异。省、市、县等各级政府借债时会做出不同的选择，所以各级地方政府的债务也表现出不同的特性，这五个样本考虑到了这一差异；三是充分考虑了数据的可得性，研究中涉及的部分指标数据是非公开的，本书在综合考虑数据可得性的基础上选择了这五个样本地区作为研究对象（见图 5－1）。

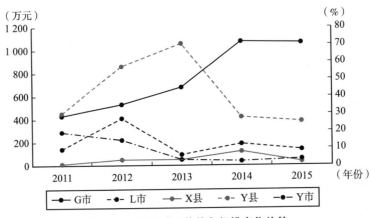

图 5－1　五个地区的债务规模变化趋势

通过分析五个地方政府的债务规模，从图 5 - 1 可以看到，除了 G 市的地方债务规模有持续上升的趋势外，其他四个地区都存在上下波动的情况，这可能是由于 G 市经济存量相对较大而引起的，L 市和 Y 县波动幅度较大，地方债务规模可能不太稳定，X 县和 Y 市债务规模波动幅度最小，并且整体有下降的趋势，这可能和地方经济发展和举债能力相关。

通过图 5 - 2 可以看到，本书所选取的五个地区经济平稳发展，符合我国近年来经济发展的整体趋势。G 市相对其他四个地区而言经济发展水平较高，属于较发达的地区，其债务规模也相对较大。而其他四个地区经济存量较低，经济发展相对平缓。综合图 5 - 1 和图 5 - 2 来看，可以发现，随着经济水平的持续发展，经济体量的逐步增大，地方债务规模有逐渐缩小，趋于稳定的趋势，从这个层面来看，这五个地区的地方债务规模处于总体可控的状态。

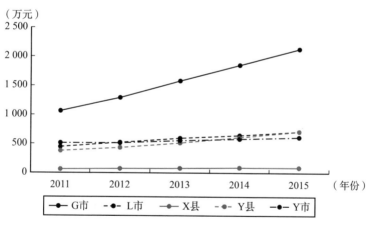

图 5 - 2 五个地区的 GDP 变化趋势

地方基础设施维护费用是基础设施建设投资支出的重要组成部分，随着地方基础设施建设规模的增大，地方基础设施维护费用也不断增长，同时，高额的地方基础设施维护费用也加大了地方政府债务资金的压力。在本部分中，分别对五个地区的地方债务规模、地方债务中用于基础设施建设的费用以及基础设施维护费用进行描述性分析。各地区趋势如图 5 – 3 所示：

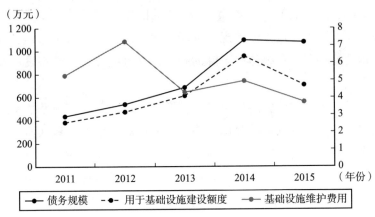

图 5 – 3　G 市基础设施费用与地方债务

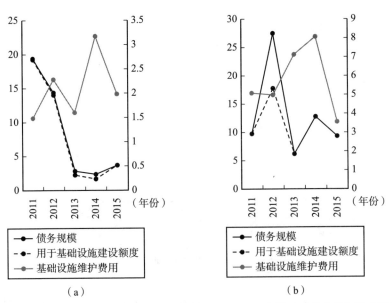

（a）　　　　　　　　　　　　　　（b）

图 5 – 4　（a）Y 市基础设施费用与地方债务；（b）L 市基础设施费用与地方债务

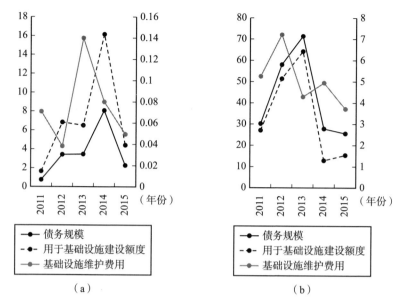

图5-5　（a）县基础设施费用与地方债务；（b）县基础设施费用与地方债务

注：由于基础设施维护费用规模较小，为了更直观清晰地看到其发展趋势，故在图5-3
至图5-7中将其绘在次坐标轴。

从图5-3至图5-5中可以看到，地方债务中基础设施建设费用
占额与地方债务规模变化趋势极为相似，这一方面是因为该部分是地
方债务规模中的子部分，另一方面也从侧面说明基础设施建设在地方

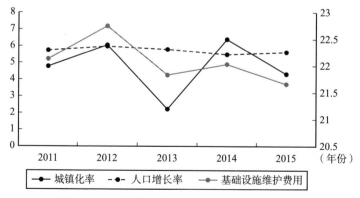

图5-6　G市基础设施维护费用与社会发展情况

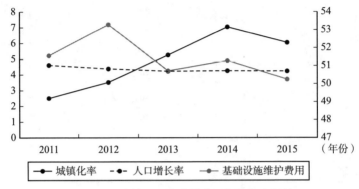

图 5-7　Y 县基础设施维护费用与社会发展情况

政府债务的使用中占有重要地位。基础设施维护费与地方债务规模变化趋势大体相似，但体现出了一定的滞后性，通常滞后期为 1~2 年，这主要是由于基础设施维护的属性决定的。基础设施维护的本质在于对已经建设好的基础设施进行维护保养，具有一定的滞后性与长期性。

从图 5-6 和图 5-7 中可以看到，随着城镇化的不断发展，基础设施维护费用在 2012 年左右达到顶峰，之后逐步降低，经过初步分析，这可能和我国 2008~2010 年间为了应对我国经济"硬着陆"风险而采取的"四万亿"计划有关，为了扩大内需，在四万亿元的投资中有大量资金支持基础设施建设，例如农村基础设施，铁路、公路和机场等重大基础设施等。由于基础设施维护费用有一定的滞后性，因此在 2012 年前后达到一定的峰值，之后逐步回落。而人口增长率似乎与基础设施维护费用之间没有较为密切的联系。在此仅选取了 G 市和 Y 县作为分析，其他地区变化趋势大体相似，由于篇幅所限，不再赘述。

接下来，我们对 26 个样本地区的债务规模、基建规模、基础设施维护费用、地方公共财政收入与支出、地区生产总值、自然增长率以及城镇化率等指标做了概括性统计分析，具体结果如表 5-1 所示。

表 5 - 1　　　　　　　样本地区部分指标的概括统计分析结果

指标	均值	方差	标准差	最小值	最大值
债务规模（亿元）	104.58	60 614.26	246.20	2.22	1 071.97
基建规模（亿元）	70.56	30 610.43	174.96	0.51	831.55
基础设施维护费用（亿元）	9.49	362.91	19.05	0.04	104.51
地方公共财政收入（亿元）	38.74	8 380.90	91.55	0.00	432.24
地方公共财政支出（亿元）	79.84	36 931.23	192.17	6.27	1 138.49
地区生产总值（亿元）	357.34	337 278.33	580.76	0.00	2 911.77
自然增长率（%）	7.04	9.16	3.03	1.65	12.84
城镇化率（%）	48.36	360.37	18.98	21.85	93.02

由表 5 - 1 可知，各项指标的最大值与最小值跨度较大，均值符合实际情况，标准差在误差范围之内，所以本书所选样本地区具有一定的代表性。我们也可以看出在样本地区，债务规模均值较大，而相对于基建规模的均值来说，基础设施维护费用的均值较小，这也符合我国地区的实际情况。

第二节　地方政府债务合理规模的确定

笔者在前文对地方债务违约风险做出了较为详细的论述，地方政府无法偿还其通过融资平台筹得的债务，不仅会对出资人造成损失，而且这种不良影响还会传导至整个社会。政府债务违约现象频发，势必需要建立一套地方政府债务风险评估模型，为地方政府债务规模做出预警。KMV 模型是在国际上通用的信用风险评估模型，在中国政府债务风险评估领域也应用广泛。本节希望通过建立政府债务的 KMV 风险评估模型对地方政府债务的风险进行评估和预警，通过笔者进行实地调研的 2011 ~ 2015 年各样本县（市）级政府的数据进行实证分析，预测出各样本县（市）级政府在 2016 年的政府债务违约风险，并根据违约风险预警值，计算出各样本县市安全的债务规模，同时也为后文分析债务规模与基础设施维护费用之间的关系打下基础。

一、KMV 模型基本理论

KMV 模型全称为信用风险评估模型，由美国 KMV 公司基于 Black Scholes 的期权定价公式和 Meton 的风险债务定价理论而提出。其基本思想是：企业进行举债活动，实质是企业所有权的向外转移，将所有权转移给债权人，然后，企业在一定的期限内偿还债务以赎回所有权。若在期限截止时，企业的资产价值超过企业的债务，则企业会选择按时偿还债务；否则，企业会选择违约。

KMV 模型可分为三步进行，首先，计算出公司资产的市场价值及波动率，其次，预估公司下一时期的资产价值，然后通过资产价值与负债的关系，确定出违约点及违约距离，最后，通过违约距离得到违约概率的映射。

将地方政府债务风险评估引入 KMV 模型中，利用 KMV 模型的思想，对 KMV 中的相关参数赋予新的意义，可计算出政府债务的预期违约概率 EDF 和违约距离 DD。

将 KMV 模型应用于地方政府债务风险评估时，首先，将可担保的地方财政收入代替企业资产价值。政府债券主要分为一般责任债券和收益证券，一般责任债券的偿债收入来源主要是地方财政收入，收益证券的偿债收入来源主要是债务融投资项目现金流收益。由于我国处于地方公债发行初期阶段，需要控制信用风险，发行的政府债券多为一般责任债券，因此本书选取地方财政收入作为偿债收入，替代企业资产价值。其中，可担保的地方财政收入是在财政收入中确实可以用来还债的部分。

其次，将企业资产价值波动率替换为地方财政收入波动率；然后将企业到期需偿还的债务替换为地方政府到期需偿还的债务及利息额。2009 年财政部首次发行固定利率付息的地方政府债券，利息按年支付，债券到期时一次性付清本息，即债券到期时需要支付地方政府债券面值和票面利息。

原始的 KMV 模型中假设资产价值服从几何布朗运动，则在政府债务风险评估的 KMV 模型中也同样要假定地方财政收入 S 服从几何布朗运动，该假设是 KMV 模型应用的必要假设。需要说明的是，为简化计算，本书忽略在债券到期时需支付的未到期地方政府债券的票面利息。

二、KMV 模型在我国的适用性

KMV 模型作为一种国外经典风险评估模型，在评估企业信用方面，具有预测能力强、更具前瞻性、更灵敏的优点。当 KMV 模型引入中国后，中国诸多学者也对 KMV 模型进行了实证分析。曾诗鸿、王芳（2013）提出了 KMV 模型新违约点的计算方法，提高了计算的精度。尹丽（2013）利用 KMV 模型对银行信用风险进行评估，并对比了正常经营企业和 ST 企业的风险水平；凌江怀、刘燕媚（2013）采用我国 10 家上市银行的数据验证了 KMV 模型的准确性，得到 KMV 模型的违约率与信用机构对银行信用评级的结果一致，从而验证了 KMV 模型的实用性和准确性。

除了对公司信用风险的相关研究外，也有很多基于 KMV 模型评估政府违约风险的研究。利用 KMV 模型计算出了合理的发债规模；郭玉清（2006）用数理经济学的方法推算违约债务规模和合理偿债金；欧阳华生、裴育（2006）认为中国地方政府的债务规模依赖于其经济发展水平。

本书之所以选择 KMV 模型来测度政府信用风险，主要在于 KMV 模型有以下三大优点：第一，与其他信用风险管理模型，如 Credit Risk + 模型、Credit Metrics 等模型比较之后发现，KMV 可以测度单个资产风险，而其他模型多用于组合信用风险的测度；第二，KMV 模型不需要历史违约数据的相关记录，并通过假定资产价值服从正态分布计算违约概率；第三，KMV 测度违约风险时不涉及违约损失或者债券定价等问题。

但是，KMV 模型也不可避免地存在一些缺陷。一方面，许多实证研究已经表明 KMV 适用于多种类别的上市公司数据，评估结果更准确、灵敏、可靠，但对非上市公司数据而言，由于数据的不透明、信息的不完善，需要借助一些会计信息中的指标对 KMV 模型中的变量进行替换，从而降低了 KMV 模型的实证结果的精度。另一方面，KMV 模型假定资产价值是正态分布，但很多情况下资产价值并不服从正态分布，这也会导致结果的失真。同时，KMV 模型不同细分债务的不同类型，无法对债务的深层因素进行研究。

基于以上原因，学者基于已有的 KMV 模型进行了不同程度的修正，并结合了其他模型的参数，以增强信用评估的准确性。张能福、张佳（2010）修正了违约点的参数，并对比分析新旧违约点和违约距离结果，发现，修正后的违约点能更准确地反映公司的信用级别。张能福、刘琦铀（2009）在 KMV 模型的基础上，借鉴了 Tompkins 方法构造出新的预测波动率，并替换了原模型中的历史波动率，结果表明改进后的方法预测能力更强；王秀国、谢幽篁（2012）借鉴了 CVAR 和 GARCH（1，1）的思想，拓展了 KMV 模型，并对我国对沪市 A 股的两组公司的信用级别进行评估，分析得出，采用扩展后的 KMV 模型预测能力更强，对市场信心风险做出合理的预警。在地方政府债务方面，李江波（2010）在用 KMV 模型对地方政府债务进行违约风险评估时引入了 Knight 不确定性，得到了政府债券违约概率的区间估计。李腊生等（2013）通过分析我国中央政府于地方政府间的"父子关系"，将可转移性特征这一因素引入 KMV 模型的评估预警总，并提出了相应的修正模型。

基于以上 KMV 模型在我国的发展历程，可以看到，KMV 模型在公司信用风险和我国地方政府债务的相关成果中已成为一种普遍使用的方法。纵观前人研究成果，利用 KMV 模型度量政府债务风险的研究仍停留在省级以上政府，很少有文献具体度量过县级政府的债务信用风险。本书将借鉴改进的 KMV 实证思想及方法，将 KMV 模型应用于度量县一级基层政府债务风险，并综合考虑了基层政府与中央政府的债务转移因素，评估县级政府的债务违约风险。

本小节基于前人的研究成果，以定量的视角测算地方政府债务的信用风险，并以此推算出政府合理的债务规模。利用 KMV 模型构建我国地方政府债务的风险测算模型，并提出政府安全的举债规模，进一步增强政府的风险防范管理。

三、债务风险的评估预警过程

本节利用改进后的 KMV 模型评估各地方政府的信用风险，推导出地方政府债务的违约距离（DD）、政府债务预期违约率（EDF），进而预测地方政府下一年的政府债务安全值。

本书假设地方可担保财政收入服从如下随机过程：$R_t = f(Z_t)$，其中 R_t 表示可担保的财政收入，即地方财政收入中实际可用于偿还债务的部分；Z_t 为随机变量，$f(x)$ 是政府财政收入与自变量的函数形式。

记到期时间为 T，则在 $t = T$ 时刻，若可担保的财政收入 R_T 小于到期债务本息和 D_T 即 $R_t < D_T$，则地方政府可能存在违约风险；若 $R_t > D_T$ 则地方政府违约风险较小；则临界值 $R_t = D_T$ 就表示地方政府债务的违约点。

假设地方政府债务预期的违约概率用 P 表示，则有：

$$p = P(R_T < D_T) = P(f(Z_T) < D_T) = P(Z_T < f^{-1}(D_T)) \quad (5.1)$$

假设随机变量 Z_T 服从标准正态分布，即 $Z_T \sim N(0, 1)$ 时，可将该式变为：

$$p = P(Z_T < f^{-1}(D_T)) = N[f^{-1}(D_T)] \quad (5.2)$$

定义违约距离 $DD = -f^{-1}(D_T)$，则有预期违约率（EDF）：

$$p = N(-DD) \quad (5.3)$$

进一步假设地方政府的财政收入 R 随机过程服从以下函数：

$$dR_t = gR_t dt + \sigma R_t dz_t \quad (5.4)$$

其中，g 表示地方政府财政收入增长率，σ 为地方政府财政收入的波动率，dz_t 为维纳过程（标准几何布朗运动）的增量。

令 $t = 0$，$R_0 = R$ 得 $t > 0$ 时刻的地方政府的财政收入可以表示为下列式子：

$$R_t = R_0 \quad \exp\left\{\left(g - \frac{1}{2}\sigma^2\right)t + \sigma\sqrt{t}Z_t\right\} \quad (5.5)$$

此时地方政府的财政收入服从对数正态分布，财政收入的均值和方差可以表示为：

$$E(\ln R_t) = \ln R + gt - \frac{1}{2}\sigma^2 t \tag{5.6}$$

$$Var(\ln R_t) = \sigma^2 t \tag{5.7}$$

在具体运算中，为计算简便，假设时长为1，即 $t=1$，意味着计算下一年地方政府债务的违约率，则可表示为：

$$g = \frac{1}{n-1}\sum_{t=1}^{n-1}\ln\frac{R_{t+1}}{R_t} + \frac{1}{2}\sigma^2 \tag{5.8}$$

$$\sigma = \sqrt{\frac{1}{n-2}\sum_{t=1}^{n-1}\left(\ln\frac{R_{t+1}}{R_t} - \frac{1}{n-1}\sum_{t=1}^{n-1}\ln\frac{R_{t+1}}{R_t}\right)^2} \tag{5.9}$$

地方政府债务的预期违约率和违约距离：

$$p = N(-DD) = N\left[-\frac{\ln\frac{R_T}{D_T} + gT - \frac{1}{2}\sigma^2 T}{\sigma\sqrt{T}}\right] \tag{5.10}$$

其中：
$$DD = \frac{\ln\frac{R_T}{D_T} + gT - \frac{1}{2}\sigma^2 T}{\sigma\sqrt{T}} \tag{5.11}$$

其中，改进后 KMV 模型中的各变量数据均可从地方政府统计年鉴、政府预算决算报告中得到，基于这些数据我们可以进一步预测地方政府未来一年的违约率。

正如上文理论中所论述到的，中国地方政府与中央政府是一种"父子关系"，即地方政府的债务在面临违约风险时可以转移给中央政府，考虑到债务转移性这一因素，故对地方政府的债务违约距离进行修正，可表示为：

$$DD = \frac{\ln\frac{R_T + qS}{D_T} + gT - \frac{1}{2}\sigma^2 T + \left(g_s - \frac{1}{2}\sigma_s^2\right)T}{(\sigma + \sigma_s)\sqrt{T}} \tag{5.12}$$

其中，q 表示地方政府将违约债务转移给中央政府的转移比例；S 表示中央政府能够承担地方政府债务的债务极限额，由于我国特定的政府关系，中央政府通过操作中央银行的铸币发行权将债务转移给居民，则从根本上来讲，政府债务取之于民，也受之于民，最终的承担主体仍是居民自身。也就是说中央政府的偿债能力通过政府居民新增的储蓄额来体现，即可以用"S＝新增的人均居民储蓄"来表示，g_s 表示新增居民储蓄的增长率，σ_s 是新增居民储蓄率的波动率，即标准差。

修正后的地方政府债务违约概率可表示为：

$$p = N(-DD) = N\left[-\frac{\ln\dfrac{R_T + qS}{D_T} + gT - \dfrac{1}{2}\sigma^2 T + \left(g_s - \dfrac{1}{2}\sigma_s^2\right)T}{(\sigma + \sigma_s)\sqrt{T}}\right]$$

$$(5.13)$$

四、KMV 预警的实证分析

地方政府债务风险影响着我国金融系统的运行和社会的稳定，政府债务风险评估的核心即是对其违约风险的评估，一旦地方政府出现违约行为，不仅会引起该地区的财政危机，还会通过金融系统的杠杆作用原理，放大到全社会，引发全社会的金融危机，威胁整个宏观经济系统的健康运转。本节将以地方政府债务的违约风险为出发点，评估地方政府债务风险。

上面已经提出，近年来关于 KMV 模型的实证分析层出不穷，学者们对 KMV 模型在应用领域进行了拓展，在方法上也加以改进，对 KMV 评估模型的实用性以及准确性进行了验证，KMV 模型评估风险的应用也十分广泛。然而，我国很多地方政府，尤其是县级政府存在资金来源隐蔽、非透明化、非正规化等问题，对基层地方政府债务的评价仍存在较多不足。因此，多数学者也仅是基于省级、市级的公开数据对地方政府债务风险予以评估，对县一级的风险评估由于数据的局限性，相关文献的研究少之又少。

我国审计署在 2013 年 12 月 30 日公布了全国地方政府债务的审计结果，随后一些省份也公布了地方政府债务审计结果。根据许多地区的审计公布，可以获取很多可靠数据，以此为契机，利用改进后的 KMV 选取相关县市研究基层地方政府的违约风险水平。本节收集到我国某些省份部分地区（市本级，县级）2011～2015 年的相关数据资料，所使用的地方政府债务相关数据均是通过财政部到某些省份的某些县市进行调研获得，由于这些地区的地方性债务的相关数据涉及保密性，因此地区名称由字母代指。

在利用 KMV 模型对地方政府债务风险情况进行分析时，需估算2015 年地方政府到期应偿还的债务、可担保的财政收入、地方政府财政收入的波动率及增长率这四个指标。

（一）估计 2016 年地方政府应该偿还的债务 D_t

一般来说，KMV 模型中的计算政府应偿还债务规模的基本思路是：认为地方政府应偿还的债务随着利息和时间的增加而不断变动，由已到期的债务额和未到期的债务额两部分构成，即可表示为：

$$D_t = (1 + r_t)MV_t + r_{t-1} \sum MV \qquad (5.14)$$

式中，MV_t 表示到期的债务额；$\sum MV$ 表示未到期的累计债务额；r_t 表示到期债务的票面利率；r_{t-1} 表示未到期的债务的平均票面利率。

本节使用调研获取的 2011～2015 年各样本县市的债务余额数据，根据《2010 年全国政府性债务审计结果》和《2013 年全国政府性债务审计结果》中政府负有偿还责任债务的比重，对各样本地区的"政府负有偿还责任债务额"进行估计，并用 D_t 表示，故无须利用公式（5.14）估算。为了预测 2016 年的样本地区的政府债务余额规模，采用指数平滑法进行预测。

统计学中对时间序列数据的预测方法较多，通过对本书样本的地方债务规模的分析发现，大致呈现一个线性增长的态势，而在预测方法中二次指数平滑法对线性增长趋势的时间序列预测效果更佳，因此本书选用二次指数平滑法预测 2016 年样本地区的债务规模。

指数平滑法是对不同时期指数加权得到新一期预测值的方法，一般而言，近期数据对新一期数据影响较大，赋予权重较高，而远期数据的权重则相对较小。二次指数平滑法是基于一次指数平滑再进行一次指数平滑。

若预测对象的时间序列为 y_1，y_2，$\cdots y_t$，$S_t^{(1)}$ 表示 t 期时的一次指

数平滑，$S_t^{(2)}$ 表示 t 期的二次指数平滑，则一次平滑可表示为：

$$S_t^{(1)} = ay_t + a(1-a)y_{t-1} + a(1-a)^2 y_{t-2} + \cdots + a(1-a)^{t-1} y_1$$

$$(5.15)$$

一次指数平滑的递推式可表示为：

$$S_t^{(1)} = ay_t + (1-a)S_{t-1}^{(1)} \qquad (5.16)$$

二次指数平滑是在第一期指数平滑的基础上再做一次指数平滑，可表示为：

$$S_t^{(2)} = aS_t^{(1)} + a(1-a)S_{t-1}^{(1)} + a(1-a)^2 S_{t-2}^{(1)} + \cdots + a(1-a)^{t-1} S_1^{(1)}$$

$$(5.17)$$

递推式为：

$$S_t^{(2)} = ay_t + (1-a)S_{t-1}^{(2)} \qquad (5.18)$$

则 t + 1 期预测公式为：

$$y = \frac{2-a}{1-a}S_t^{(1)} - \frac{1}{1-a}S_t^{(2)} \qquad (5.19)$$

观察 2011 ~ 2015 年各样本县市的债务余额规模 D_t，发现债务规模具有明显的线性趋势，故可用指数平滑法来预测 2016 年各县市的债务余额规模，并通过 2016 年政府负有偿还债务的责任比重计算到期应偿还债务，计算结果如表 5 - 2 所示。

表 5 - 2　　样本地区 2016 年地方政府负有偿还责任的债务 D_{2016}　单位：亿元

地区	2016 年	地区	2016 年	地区	2016 年	地区	2016 年
Y1 市	24.291	T 县	1.309	Z 市	57.621	Y 市	0.361
Y1 县	24.533	Q 市	2.986	S 县	6.984	P 县	0.631
H1 县	5.866	Y 区	0.360	L 市	1.241	Z 县	1.287
L 市	4.441	X1 县	2.049	X 县	0.592	W 县	10.341
S 市	5.863	D 县	1.164	G 市	124.886	Z2 县	7.635
P1 县	3.997	Z1 县	5.072	Y 县	3.098		
Y1 县	1.575	H 县	2.284	N 区	14.327		

（二）估计 2016 年地方政府可以用偿还债务的财政收入 R_t

在预测了各样本地区的 2016 年应偿还债务规模的基础上，需要继续估算样本地区的 2016 年可用于偿还债务的财政收入规模。

首先，选取了上述 26 个县（市、区）级样本的地区财政收入数据，预测 2016 年各县（市、区）的地方财政收入；其次，估算财政收入中可以用来偿还政府债务的比例，以估算 2016 年 26 个县（市、区）可用于偿还债务的财政收入。

指数平滑法适用于短期预测，样本地市 2011～2015 年间财政收入大致呈线性增加趋势，适用于二次指数平滑法。利用 Eviews 8.0 对 26 个样本的财政收入进行指数平滑法预测，预测结果如表 5-3 所示。

表 5-3　　　　　　　　　样本地区 2016 年财政收入预测值　　　　单位：亿元

地区	地方财政收入	地区	地方财政收入	地区	地方财政收入	地区	地方财政收入
Y1 市	112.78	T 县	2.42	Z 市	489.75	Y 市	40.24
Y1 县	15.93	Q 市	10.90	S 县	11.48	P 县	8.74
H1 县	16.70	Y 区	2.52	L 市	48.13	Z 县	8.52
L 市	19.47	X1 县	1.98	X 县	6.21	W 县	35.59
S 市	11.18	D 县	1.61	G 市	160.90	Z2 县	9.07
P1 县	7.98	Z1 县	10.21	Y 县	47.73		
Y1 县	7.69	H 县	2.12	N 区	54.39		

并非所有的财政收入均可用于偿还政府债务，对于可担保的财政收入比例并无明确的数据，学者关于这一比例的假定不一。本书借鉴韩立岩（2003）中担保比例的确定方法：地方财政收入扣除自发性财政支出后的余额可作为政府债券的担保收入，以样本地方财政支出的均值作为近几年的自发财政支出，计算样本地区在最近一年该数值占样本财政

收入的比例，记为自发财政支出比例，1 减去该比例即可视为可担保的财政收入比例。通过计算得到各样本的可担保比例在40%左右，故将40%作为本书的可担保财政收入比例。在其他很多文献中，如茹涛（2009）、蒋忠元（2011）、陈琪（2014）等文献都曾将40%作为可担保财政收入比例，故笔者认为这一比例是比较合理的。因此，便能得到2016年各区（县）的可用于偿还债务的财政收入，如表5-4所示。

表5-4　　　样本地区 2016 年可用于偿还债务的财政收入预测值　单位：亿元

地区	Rt	地区	Rt	地区	Rt	地区	Rt
Y1 市	45.112	T 县	0.970	Z 市	80.881	Y 市	11.784
Y1 县	6.372	Q 市	4.359	S 县	1.424	P 县	3.494
H1 县	6.680	Y 区	1.008	L 市	9.121	Z 县	3.408
L 市	7.787	X1 县	0.790	X 县	1.240	W 县	14.236
S 市	4.474	D 县	0.644	G 市	36.313	Z2 县	3.629
P1 县	3.192	Z1 县	4.084	Y 县	8.200		
Y1 县	3.077	H 县	0.849	N 区	7.444		

（三）计算财政收入的波动率和增长率

根据波动率和增长率公式，得到26个区（县）2011～2016年间可担保的财政收入增长率和波动率，如表5-5所示。

表5-5　　　样本地区地方财政收入增长率和波动率的估计值

地区	波动率	增长率	地区	波动率	增长率	地区	波动率	增长率
Y1 市	0.035	0.165	Y 区	0.123	0.166	G 市	0.239	0.100
Y1 县	0.038	0.169	X1 县	0.032	0.186	Y 县	0.183	0.110
H1 县	0.051	0.142	D 县	0.112	0.305	N 区	0.154	0.093
L 市	0.074	0.100	Z1 县	0.042	0.146	Y 市	0.064	0.065

地区	波动率	增长率	地区	波动率	增长率	地区	波动率	增长率
S 市	0.098	− 0.001	H 县	0.105	0.289	P 县	0.137	0.079
P1 县	0.098	0.080	Z 市	0.153	0.169	Z 县	0.011	0.144
Y1 县	0.219	0.259	S 县	0.121	0.112	W 县	0.047	0.070
T 县	0.140	0.207	L 市	0.174	0.101	Z2 县	0.118	− 0.005
Q 市	0.304	0.245	X 县	0.218	0.088			

（四） 计算各区（县）的违约距离和违约概率

根据式（5.10）和式（5.11）可以计算出各样本区（县）的违约距离和违约概率，计算结果如表 5 - 6 所示。

表 5 - 6　　　　　　　　样本地区的违约距离和违约概率

地区	违约距离 DD	违约概率 DEF（%）	地区	违约距离 DD	违约概率 DEF（%）
Y1 市	22.404	0.000	H 县	− 6.748	100.000
Y1 县	− 31.410	100.000	Z 市	− 10.023	0.230
H1 县	5.280	0.000	S 县	10.427	100.000
L 市	8.959	0.000	L 市	− 5.462	0.000
S 市	− 2.835	99.771	X 县	2.834	0.000
P1 县	− 1.533	93.733	G 市	− 13.186	100.000
Y1 县	4.128	0.002	Y 县	21.450	0.000
T 县	− 0.732	76.786	N 区	10.876	100.000
Q 市	1.894	2.912	Y 市	54.581	0.000
Y 区	9.647	0.000	P 县	12.980	0.000
X1 县	− 23.679	100.000	Z 县	99.330	0.000
D 县	− 2.626	99.568	W 县	8.311	0.000
Z1 县	− 1.728	4.196	Z2 县	− 6.389	100.000

通常认为在标准普尔和穆迪的信用评级标准中，达到标普 BBB -

或者穆迪 Baa3 之上的信用评级的债券极少出现违约。对地方政府及其相关机构而言，其为地方政府债务的发行者。因此地方政府债务风险应该小于公司债券的风险，其信用评级至少应该达到标普 BBB + 或者穆迪 Baa1 的评级水平，地方政府债务一个比较合理的预期违约率（EDF）应该是在 0.4% 以内。

根据预期违约率不超过 0.4% 的标准，通过对比表 5 - 5 的数据发现，所选取的 26 个样本地区中，有 13 个样本地区在 2016 年的预期违约率小于 0.4%，即发债规模是安全的，而其余 13 个样本地区超过合理预期违约率。如表 5 - 5 所示，样本在 2016 年预期违约概率达 50% 左右，笔者推测，由于本书中所用样本西部县市居多，这些地区正在进行大规模的基础设施建设，故举债规模相对较高，而财政收入偿债能力较弱，发生违约的概率也较大。这在一定程度上说明，我国基层政府的债务违约率较高的现象。

（五）地方政府债务合理规模的计算

根据上面所述，地方债务预期违约率在 0.4% 属于安全范围，故可以对推算出地方政府能够偿还的合理债务规模。利用式（5.11），将预期违约率为 0.4% 这一安全值代入，即可反推出 2016 年各样本县市的政府债务合理规模，如表 5 - 7 所示。

表 5 - 7　　　　　　2016 年各样本地区的合理债务规模　　　　单位：亿元

地区	合理债务规模	地区	合理债务规模	地区	合理债务规模
Y1 市	52.678	Y 区	1.144	G 市	44.74
Y1 县	7.471	X1 县	0.943	Y 县	9.517
H1 县	7.589	D 县	0.843	N 区	8.444
L 市	8.426	Z1 县	4.671	Y 市	12.337
S 市	4.338	H 县	1.097	P 县	3.617
P1 县	3.358	Z 市	89.053	Z 县	3.923
Y1 县	3.682	S 县	1.552	W 县	15.068

续表

地区	合理债务规模	地区	合理债务规模	地区	合理债务规模
T 县	1.140	L 市	10.522	Z2 县	3.478
Q 市	4.920	X 县	1.503		

（六） 地方现有的债务规模与合理偿债规模的比较

根据上面合理债务规模的计算公式，同样可以计算出历年各样本地区的合理债务规模，计算结果如表 5-8 所示。通过比较历年来各样本地市的实际债务规模和合理的债务规模发现，有部分样本地区的地方政府存在实际债务规模超出合理债务规模的情况，较多数样本地区地方政府的实际债务规模在合理债务范围之内，可见，从整体来看，地方政府的债务风险是可控的，但也应该对具有较大违约风险的地区保持足够的警惕。

表 5-8 　　2011～2015 年各样本地区的合理债务规模与实际债务规模比较

单位：亿元

地区	2011 年		2012 年		2013 年		2014 年		2015 年	
	实际	合理	实际	合理	实际	合理	实际	合理	实际	合理
Y1 市	23.71	18.94	15.29	22.84	13.20	27.42	41.66	31.20	31.68	35.19
Y1 县	6.27	2.64	4.03	3.20	6.69	3.83	34.96	4.41	29.33	5.09
H1 县	5.44	3.18	3.54	3.84	6.10	4.44	8.94	4.96	6.52	5.32
L 市	4.13	4.60	2.18	4.47	1.64	5.12	6.64	5.90	5.80	6.06
S 市	11.98	4.18	7.66	4.59	4.44	4.59	8.17	3.95	7.50	3.61
P1 县	3.75	2.15	3.45	2.42	2.11	2.71	5.46	2.92	5.19	2.72
Y1 县	1.91	1.31	1.48	2.08	1.14	2.50	2.26	3.06	2.36	2.72
T 县	1.76	0.43	1.41	0.60	1.07	0.74	1.91	0.71	1.79	0.78
Q 市	4.48	2.33	3.62	2.68	3.87	3.12	5.48	3.53	4.23	2.37
Y 区	0.73	0.51	0.60	0.69	0.73	0.79	0.98	0.85	0.60	0.85
X1 县	1.96	0.30	1.87	0.34	2.13	0.41	3.47	0.49	2.76	0.60

续表

地区	2011 年		2012 年		2013 年		2014 年		2015 年	
	实际	合理	实际	合理	实际	合理	实际	合理	实际	合理
D 县	1.23	0.18	1.28	0.25	0.94	0.38	1.77	0.45	1.55	0.53
Z1 县	6.98	1.88	6.33	2.24	4.45	2.61	7.22	2.96	6.55	3.23
H 县	1.85	0.25	1.86	0.33	1.42	0.49	2.95	0.61	3.11	0.68
Z 市	41.26	66.79	47.66	95.24	35.02	117.78	108.31	130.28	85.37	142.77
S 县	5.04	1.16	7.19	1.66	6.22	2.30	13.17	2.79	10.31	3.29
L 市	2.64	7.90	5.28	10.48	0.71	12.54	2.71	14.61	1.54	16.03
X 县	0.23	1.13	0.66	1.24	0.42	1.58	1.75	2.19	0.38	2.55
G 市	119.74	33.56	103.31	40.22	81.41	36.98	237.50	44.04	182.88	51.11
Y 县	8.42	7.14	11.19	9.05	8.47	10.69	6.12	11.36	4.36	12.24
N 区	7.73	6.33	10.67	9.10	12.32	11.41	27.44	13.55	20.83	15.69
Y 市	5.44	9.25	2.82	10.17	2.90	11.72	0.54	11.34	0.64	12.13
P 县	1.61	2.58	1.09	2.97	5.43	2.43	1.19	2.64	0.93	2.87
Z 县	3.27	1.48	2.91	1.69	15.91	1.91	3.27	2.22	2.22	2.58
W 县	5.80	8.96	5.03	9.96	58.73	9.75	14.52	10.34	10.99	10.98
Z2 县	12.70	3.60	9.17	4.14	54.67	3.67	12.90	3.19	10.13	2.78

（七）小结

政府债券的市场化，就必须对信用风险进行评价，这对于政府债券的购买者、发行者、承销商和交易商来说是十分有意义的。首先，本节利用 KMV 模型对地方政府的债务风险进行测度，预估了 2016 年样本县市的债务违约风险，同时也可将该方法推广到测度其他地方政府债务风险的测度，为地方政府债务发行做出预警。从分析结果看出，在 26 个样本县市中大致有一半以上的地方政府超过了合理的债务规模，违约概率偏大，这也在一定程度上说明了我国一些地方政府存在着债务违约风险，需要对地方政府发债规模加以控制，以促进社会的可持续发展。其次，利用 KMV 预警模型为样本县市的地方政府设置了

2016 年举债规模安全值，警示当地政府在未来一年内应尽量将举债规模向合理规模靠拢，以避免债务违约情况的发生，同时，也提醒中央政府，在地方政府的应偿债规模大于该安全值时，应对该地区给予足够的关注和警示。

五、债务规模临界值的计算

欧洲国家在 1991 年签署了《马斯特里赫特条约》，其中规定 3% 赤字率红线和 60% 的负债率是其他欧盟国家加入欧元区必须达到的重要标准。可以说，3% 赤字率红线和 60% 的负债率是国家债务的双警戒线。

赤字率是衡量财政风险的一个重要指标，是指财政支出超过财政收入的部分，即一定时期内财政赤字额与国民生产总值之比。样本地区的赤字率情况如表 5 - 9 所示。

表 5 - 9　　　　　　2011～2015 年各样本地区的赤字率情况　　　单位：百分比

年份	Y1 市	Y1 县	H1 县	L 市	S 市	P1 县	Y1 县	T 县	Q 市
2011	1.181	13.328	9.178	4.984	5.736	13.35	37.321	68.689	14.091
2012	1.782	12.201	12.156	8.194	6.76	13.474	34.219	78.618	14.857
2013	2.366	12.736	11.636	8.169	6.563	13.519	32.868	70.987	9.757
2014	3.835	13.257	11.93	8.314	5.63	13.604	30.928	66.485	9.484
2015	4.358	13.999	9.495	6.936	5.764	14.143	32.579	68.892	13.733
年份	Y 区	X1 县	D 县	Z1 县	H 县	Z 市	S 县	L 市	X 县
2011	28.979	85.228	108.807	19.932	89.998	16.193	22.209	2.242	22.053
2012	30.602	85.824	113.495	24.038	99.698	8.266	20.958	2.16	26.226
2013	31.31	77.376	106.892	19.462	100.18	2.3	20.431	3.146	28.523
2014	27.782	74.804	95.767	14.621	29.363	0.373	17.19	3.921	28.349
2015	30.501	74.977	97.955	17.779	89.336	7.158	16.328	2.345	32.924
年份	G 市	Y 县	N 区	Y 市	P 县	Z 县	W 县	Z2 县	
2011	3.185	0.494	0.711	1.402	5.491	17.582	2.856	2.818	
2012	2.552	2.302	0.973	2.437	56.81	19.353	2.914	2.427	

年份	G市	Y县	N区	Y市	P县	Z县	W县	Z2县	
2013	1.014	1.011	0.917	3.094	5.173	17.018	1.873	2.123	
2014	0.701	0.839	0.677	3.322	6.736	16.718	3.096	2.170	
2015	0.469	0.715	0.506	3.604	8.642	16.406	4.652	2.188	

通过表5-9，比较样本地市的赤字率可以发现，样本地区的赤字率普遍较高，这可能与样本中西部县市居多有关。个别县市的赤字率严重超标，如D县、H县的赤字率高达100%左右，财政收入严重入不敷出。其他样本县市的赤字率大部分也高于3%的赤字率标准，说明样本县市基层政府的财政赤字现象严重，需要引起中央政府的高度重视。

其次根据欧盟规定的60%负债率的债务警戒线水平，计算了各样本县市2011~2015年间的发债规模临界值。

欧盟规定的负债率各国的负债率不能超过60%，是针对整个国家的债务水平而言，包括中央和地方政府的债务总和，因此，我们将各区域的债务警戒线按国家60%计算的地区债务临界值扣除按地区经济总量比例的中央政府负担债务部分计算。计算公式可表达为：

$$\frac{地区债务}{临界值} = \frac{按60\%计的地区}{债务临界值} - \frac{地区生产总值 \times 中央债务余额}{国内生产总值}$$

故可计算出样本县市各年份发债规模临界值，如表5-10所示。

表5-10 　　　　　2011~2015年各样本地区的债务规模

临界值与实际债务规模比较　　　　　单位：亿元

年份		Y1市	Y1县	H1县	L市	S市	P1县	Y1县	T县	Q市
2011	实际	85.17	22.53	19.53	14.84	43.03	13.48	6.88	6.34	16.08
	临界	274.01	35.81	34.60	100.95	120.80	45.31	16.80	14.26	47.87
2012	实际	79.03	20.82	18.29	11.25	39.60	17.82	7.66	7.29	18.68
	临界	325.45	42.98	42.28	114.25	136.02	50.97	20.17	16.45	55.42

续表

年份		Y1 市	Y1 县	H1 县	L 市	S 市	P1 县	Y1 县	T 县	Q 市
2013	实际	110.83	56.20	51.24	13.81	37.30	17.74	9.57	8.95	32.52
	临界	359.70	47.83	45.93	130.57	146.05	56.18	23.41	18.32	60.27
2014	实际	190.33	159.71	40.85	30.34	37.33	24.93	10.34	8.74	25.01
	临界	380.13	52.23	47.91	146.90	150.99	60.05	25.90	20.06	61.11
2015	实际	185.67	171.93	38.20	34.01	43.98	30.41	13.86	10.47	24.80
	临界	396.49	53.83	54.06	158.65	151.70	62.50	28.38	21.84	57.39

年份		Y 区	X1 县	D 县	Z1 县	H 县	Z 市	S 县	L 市	X 县
2011	实际	2.61	7.03	4.41	25.05	6.65	148.22	18.09	9.50	0.83
	临界	26.74	13.25	5.74	41.41	11.46	150.98	18.55	208.82	30.10
2012	实际	3.13	9.67	6.60	32.73	9.61	246.29	37.18	27.30	3.40
	临界	30.94	16.31	6.65	46.94	13.39	175.84	22.42	241.05	34.83
2013	实际	6.14	17.92	7.91	37.39	11.88	294.00	52.24	6.00	3.50
	临界	35.62	19.19	7.77	53.58	15.47	200.90	26.96	266.20	38.10
2014	实际	4.48	15.84	8.06	33.00	13.49	494.79	60.18	12.40	8.00
	临界	38.91	20.62	8.69	62.15	55.01	233.05	33.32	294.30	41.72
2015	实际	3.50	16.15	9.11	38.38	18.25	500.39	60.44	9.04	2.22
	临界	41.44	21.87	9.20	56.29	19.46	255.29	38.32	317.15	44.49

年份		G 市	Y 县	N 区	Y 市	P 县	Z 县	W 县	Z2 县	
2011	实际	430.11	30.24	27.77	19.54	5.79	11.74	20.83	45.62	
	临界	481.28	172.87	136.18	233.63	87.00	28.36	238.46	219.04	
2012	实际	533.88	57.82	55.13	14.59	5.65	15.05	25.98	47.39	
	临界	595.47	201.29	171.27	234.04	9.36	30.48	264.75	237.10	
2013	实际	683.54	71.13	103.46	2.90	5.43	15.91	58.73	54.67	
	临界	721.01	233.58	199.39	252.77	93.86	34.88	269.59	255.27	
2014	实际	1 084.96	27.96	125.36	2.46	5.44	14.95	66.34	58.94	
	临界	844.01	278.17	238.70	265.20	95.88	38.77	266.56	257.75	
2015	实际	1 071.97	25.55	122.08	3.78	5.44	13.03	64.42	59.36	
	临界	952.54	317.92	273.83	274.90	96.55	42.48	259.83	256.56	

从表 5-10 可以看出，按此标准，大部分样本县市的发债规模并

没有超过发债规模红线，依然有一定的债务空间。

欧盟的赤字率标准和债务警戒线划分了财政赤字和债务规模的临界值，债务发行规模警戒值是基于地区生产总值计算的结果。而对于KMV 模型来讲，用该种算法计算的安全债务是从财政收入和发债规模可持续的角度综合考虑的合理的债务规模。两种标准计算债务规模的角度不同，结果也并不完全一致。

从本质来讲，KMV 模型的债务可持续性是基于财政收入与债务规模的平衡关系，应偿还债务规模不超过可担保的当期财政收入即可认为债务是可持续的。从本书所选样本地区来看，2011～2015 年间不少地区每年的应偿还债务规模超过可担保的财政收入，存在较严重的不平衡现象。KMV 安全债务安全值是以财政收入的承载力为前提，将债务安全值锁定在财政收入范围内，而样本地区的财政收入普遍较低，则债务安全值也将小于财政收入，从而导致与实际债务规模相差甚远。《马斯特里赫特条约》将国家债务率限定在60% 以内，债务规模的可持续性是基于债务规模与经济总量的平衡关系，地区生产总值保障债务的按时清偿。然而，债务规模样本地区的经济发展很大程度上依赖于地区负债投资活动，从而引起地区生产总量远超财政收入的现状，这样就出现了按照两种原则计算的债务临界值差别较大的情况。计算结果表明，不少样本县市的发债规模超过了合理的发债规模，但却仍处于发债规模警戒线内。

通过 KMV 模型分析了样本地区的违约概率风险，并计算出安全债务规模，下节将以此为基础，基于基础设施维护费用的视角对债务规模进行实证分析，得到基础设施维护费用与实际债务规模和合理债务规模的变动关系，进一步预估基础设施维护费用引致的债务风险。

第三节　基础设施维护费用视角下债务规模的实证分析

在前面笔者建立了地方政府债务的评估预警体系，并通过实证分析测算了我国某些地方政府的合理债务规模及债务违约概率。对我国地方政府而言，基础设施维护费用是基础设施建设投资的重要组成部分，由于基础设施维护费用的使用效率低下，以及我国大部分地方政府的"重建轻养"等原因，使得基础设施维护费用引致地方政府债务的风险。本小节中，笔者在利用 KMV 风险预警模型得出地方政府的合理债务规模和违约概率以及通过维护费用引致债务风险的路径分析的基础上，尝试构建面板数据模型。首先，笔者以实际的债务规模为因变量，引入基础设施维护、经济增长、城镇化、人口变化等因素，通过实证分析，对我国东中西部某些省份 26 个县（市本级）级地方政府的基础设施维护费用和债务规模之间的关系进行定量分析。其次，笔者通过将维护费用的变化所引起的实际债务规模变化与合理债务规模进行比较，进而衡量维护费用所引起的债务风险。同时，笔者也利用样本县（市）区 2011～2015 年的基础设施累积建设费用和基础设施累积维护费用的相关数据，对全国的基础设施维护费用的大致规模做了一个演算性的估计。

一、模型的设定

基于贝纳迪诺和弗朗西斯科（Bernardino and Francisco，2004）的研究，本节将建立面板模型进行分析。本书所采用的实证数据为具有时间跨度的多个观测样本，这样的具有二维性的数据被称为面板数据。对于面板数据而言，有诸多优点，例如可以有效地扩充样本容量，能够考虑到数据的异质性，减弱变量之间的共线性等。结合本书数据，面板数据三种模型的具体形式如下：

（一）混合回归模型

$$\text{Debt\_it} = \alpha + \beta_1 \text{Main}_{it} + \beta_2 \text{Gdp\_it} + \beta_3 \text{Urban}_{it} + \beta_4 \text{Pgr}_{it} + u_{it} \quad (5.20)$$

其中，$i = 1, 2, \cdots, N$；$t = 1, 2, \cdots, T$。

（二）变截距回归模型

$$\text{Debt}_{it} = \alpha_i + \beta_1 \text{Main}_{it} + \beta_2 \text{Gdp}_{it} + \beta_3 \text{Urban}_{it} + \beta_4 \text{Pgr}_{it} + u_{it} \quad (5.21)$$

其中，i = 1，2，…，N；t = 1，2，…，T。

（三）变系数回归模型

$$Debt_{it} = \alpha_i + \beta_{1i}Main_{it} + \beta_{2i}Gdp_{it} + \beta_{3i}Urban_{it} + \beta_{4i}Pgr_{it} + u_{it} \qquad (5.22)$$

其中，i = 1，2，…，N；t = 1，2，…，T。

式（5.20）、（5.21）、（5.22）中 $Debt_{it}$ 是被解释变量，表示第 i 个市本级或县级第 t 年的地方政府的债务规模。$Main_{it}$ 表示第 i 个市本级或县级第 t 年的基础设施维护费用，实证数据来源于笔者通过财政部到某些省的某些县市进行的调研整理；GDP_{it} 反映第 i 个市本级或县级第 t 年的经济发展水平；$Urban_{it}$ 表示第 i 个市本级或县级第 t 年的城镇化率，用城镇人口占总人口的比重表示；Pgr_{it} 表示第 i 个市本级或县级第 t 年的人口增长率，相关数据来源于 2011～2015 年的《中国国家统计年鉴》。由于部分实证数据涉及保密性，因此在本小节中部分数据和区划名称在本书中没有直接反映。

在面板数据回归模型的识别中，需要进行 F 检验和 H 检验。分别对全国以及三大地区的面板数据进行 F - 检验与 Hausman 检验，以判定其变截距模型的类型。其中 F - 检验的原假设为模型中不同个体的截距项 α_i 相同，备择假设为模型中不同个体的截距项 α_i 不同，若不拒绝原假设，则应建立混合回归模型，否则，建立个体固定效应回归模型；Hausman 检验的原假设为个体效应与回归变量无关（真实模型为个体随机效应回归模型），备择假设为个体效应与回归变量相关（真实模型为个体固定效应回归模型）。

二、实证分析及结论

（一）F 检验

表 5 - 11 显示，F 检验统计量为 32.060，P 值小于 0.05，拒绝原假设；卡方检验统计量为 284.811，P 值也显著，两种检验均表明，拒绝原假设，即应建立非混合模型，需继续进行 Hausman 检验以判别模型类别。

表 5－11   面板模型的 F 检验结果

Effects Test	统计量	自由度	P 值
Cross-section F	32.060	(25, 99)	0.000
Cross-section Chi-square	284.811	25	0.000

（二）Hausman 检验

如表 5－12 所示，P 值小于 0.05，拒绝原假设，即应该选择建立固定效应模型。

表 5－12   面板模型的 H 检验结果

Effects Test	卡方统计量	自由度	P 值
Cross-section random	14.307	4	0.0064

（三）模型的建立

对变量建立个体固定效应模型，得到表 5－13 中的参数估计结果。

表 5－13   参数估计结果

变量	系数	标准误	T 统计量	P 值
C	－5.84	1.392	－4.19	0.000
LGdp	0.086	0.161	6.363	0.000
LPgr	0.194	0.171	－3.062	0.000
LMain	0.121	0.056	2.141	0.035
LUrban	2.202	0.427	5.154	0.000
固定效应（C）	Y1 市	－0.750	H 县	1.05
	Y1 县	0.597	Z 市	2.643
	H1 县	－0.417	S 县	1.164
	L 市	－1.611	L 市	－1.127
	S 市	－1.374	X 县	－0.804
	P1 县	－0.331	G 市	4.432
	Y1 县	－0.459	Y 县	0.168

变量		系数	标准误	T 统计量	P 值
固定效应（C）	T 县	−0.835	N 区		1.175
	Q 市	−0.302	Y 市		−0.822
	Y 区	−1.647	P 县		−1.713
	X1 县	0.967	Z 县		−0.301
	D 县	0.227	W 县		0.658
	Z1 县	0.201	Z2 县		0.343
R^2		0.9333	Mean dependent var		3.1723
Adjusted R-squared		0.9138	S. D. dependent var		1.3559
S. E. of regression		0.3980	Log likelihood		−47.1361
F-statistic		47.8000	Sum squared resid		15.6854
Prob（F-statistic）		0.0000	Durbin − Watson stat		1.5439

则模型可以表示为：

$$LDebt_{it} = -5.836 + 0.086 \times LGDP_{it} - 0.194 \times LPgr_{it}$$
$$(-4.191) \quad (6.363) \quad (-3.062)$$
$$+ 0.121 LMain_{it} + 2.203 LUrban_{it}$$
$$(2.141) \quad (5.154)$$

从模型结果可以看出，F 检验是建立所有自变量的联合显著性，F 统计量为 47.800，P = 0.000，通过显著性检验，即模型的变量选择恰当，变量联合显著；模型括号中所标注的为各变量的 T 统计量值，地区生产总值（LGDP）、人口增长率（LPgr）、基础设施维护费用（LMain）、城市化率（LUrban）均通过显著性检验，即各变量对债务规模均有较为显著的影响。

从各变量的作用来看，城镇化率（LUrban）对债务规模（LDebt）的影响系数最大，高达 2.203，即表明城镇化率每增加 1%，政府债务规模便增加 2.203%。对于地区生产总值（LGDP）来说，影响系数为 0.086，两者为显著的正相关，表示地区经济每增长 1%，就需要增加 0.086% 的负债；基础设施维护费用（LMain）与债务规模也存在显著的正相关，即基础设施维护费用每增加1%，债务规模便增加0.121%。

从模型分析结果看出，城镇化建设对政府债务融资具有促进作用。在城镇化建设初期，需要大规模的基础设施建设，因此地方政府通过向商业银行贷款融资，增加地方政府债务规模，也就是说城镇化是决定政府债务规模的重要原因之一。地区生产总值反映了该地区的经济发展水平，由于政府偿债主要依靠政府的财政收入，而财政收入的主要来源是税收，经济越发达的地区产业发展越繁荣，税收额也相对较高，可担保的财政收入决定了政府债务规模，故政府可以承受的债务规模越大。大规模的基础设施建设需要相当数量的人力和物力费用，基础设施支出也是我国地方政府债务的重要流向之一，而地方基础设施维护费用是地方基础设施支出的重要组成部分，它对地方政府债务规模的作用相对而言是间接作用，从实证结果来看，随着基础设施维护费用的增加，债务规模也会随之增长，作为资金的支出项，这表明基础设施维护费用不断累积会造成债务的结构性风险，基础设施维护费用的增加确实会增加政府债务压力。首先，基础设施维护费用在未来几年将会井喷式增长，而这又势必需要大量的财政支出，从而增加了政府债务规模风险；其次，基础设施维护的事权主要集中在地方政府，地方政府不得不将大量资金投入在未来基础设施维护的支出上，从而造成地方基层政府面临高债务风险的局面，政府债务的重心下移，不利于地方政府的可持续发展，加剧了政府债务的结构风险；最后，未来大规模的维护费用支出，导致地方政府债务过于集中，会带给地方政府巨大的偿还压力，这也加剧了地方政府的还款压力，债务违约的概率增加，加剧了地方政府的债务违约风险。

接下来，通过比较维护费用增加1%对实际债务规模和合理债务规模之间的距离变化，来衡量维护费用所引致的债务风险大小。

通过上面的回归分析可以看到，基础设施维护费用每增加1%，实际债务规模便增加0.121%。不妨以各样本地区2015年数据为例，来测度维护费用的变化所引致的债务规模变化所占合理债务规模的比例，简便起见，用"增加值"来表示维护费用变化所引致的这一部分债务规模的增加。

表5-14　　　样本地区2015年维护费用变化所引起的实际债务变动

地区	实际债务（万元）	增加值	合理债务	增加值占合理债务规模比例（%）	地区	实际债务（万元）	增加值	合理债务	增加值占合理债务规模比例（%）
Y1市	185.67	22.47	35.19	0.64	H县	18.25	2.21	0.68	3.25
Y1县	171.93	20.80	5.09	4.09	Z市	500.39	60.55	142.77	0.42
H1县	38.20	4.62	5.32	0.87	S县	60.44	7.31	3.29	2.22
L市	34.01	4.12	6.06	0.68	L市	9.04	1.09	16.03	0.07
S市	43.98	5.32	3.61	1.47	X县	2.22	0.27	2.55	0.11
P1县	30.41	3.68	2.72	1.35	G市	1 071.97	129.71	51.11	2.54
Y1县	13.86	1.68	2.72	0.62	Y县	25.55	3.09	12.24	0.25
T县	10.47	1.27	0.78	1.62	N区	122.08	14.77	15.69	0.94
Q市	24.80	3.00	2.37	1.27	Y市	3.78	0.46	12.13	0.04
Y区	3.50	0.42	0.85	0.50	P县	5.44	0.66	2.87	0.23
X1县	16.15	1.95	0.60	3.26	Z县	13.03	1.58	2.58	0.61
D县	9.11	1.10	0.53	2.08	W县	64.42	7.79	10.98	0.71
Z1县	38.38	4.64	3.23	1.44	Z2县	59.36	7.18	2.78	2.58

从表5-14可得，样本地区维护费用增加1%所引起的实际债务规模变动占合理债务规模的比例，该值最大为4.09%，最小为0.04%，中位数为0.91%，均值为1.30%。可以看到，维护费用的变化引起了实际债务规模的较大的变化，该变动幅度相对于合理债务规模来说不容忽视。对于Y1县、X1县、D县、H县、S县、G市和Z2县而言，维护费用增加1%引起的实际债务变动占合理债务规模的比例均在2%以上，表明在这些地方政府，维护费用所引致的债务规模风险很高，地方政府应及时进行调整，缩减债务规模并稳定维护费用的增长。对于S市、P1县、T县、Q市、Z1县、Z2县等地方政府而言，该比例也都在1%以上，维护费用引致的债务规模风险偏高，地方政府应予以足够的重视。对其他地区而言，该比例在1%以下，维护费用引致的债务风险属于可控范围，但这些地方政府也应对此保持足够的警惕。

我们没有办法对全国的基础设施维护费用进行准确的估计，因为这需要考虑到基础设施建设的工程核算、资产的年龄、基础设施建设的质量、基础设施维护的服务性费用、预估原料价格的上涨以及其他种种因素。在本书中，利用样本县（市）区 2011～2015 年的基础设施累积建设费用和基础设施累积维护费用的相关数据，得出就样本县（市）区而言，基础设施累积维护费用占基础设施累积建设费用的 17.49%。利用这个比例，可以大致估算一下全国 2011～2015 年历年的基础设施维护费用。具体情况如表 5-15 所示。

表 5-15　　　　　　　全国基础设施维护费用支出的预估　　　　单位：十亿元

年份	公共基础设施投资	累积基础设施投资	17%的维护费用率			5%的维护费用率		
			基础设施维护费用	占财政收入比例（%）	占GDP比重（%）	基础设施维护费用	占财政收入比例（%）	占GDP比重（%）
2011	7 881	7 881	1 378.39	13.27	2.85	394.05	3.79	0.80
2012	9 102	16 983	2 970.33	25.34	5.51	849.15	7.24	1.60
2013	10 323	27 306	4 775.82	36.96	8.09	1 365.30	10.57	2.30
2014	11 544	38 850	6 794.87	48.41	10.54	1 942.50	13.84	3.00
2015	12 765	51 615	9 027.46	59.29	13.23	2 580.75	16.95	3.80

年份	公共基础设施投资	累积基础设施投资	10%的维护费用率			15%的维护费用率		
			基础设施维护费用	占财政收入比例（%）	占GDP比重（%）	基础设施维护费用	占财政收入比例（%）	占GDP比重（%）
2011	7 881	7 881	788.10	7.58	1.63	1 182.15	11.38	2.44
2012	9 102	16 983	1 698.30	14.49	3.15	2 547.45	21.73	4.73
2013	10 323	27 306	2 730.60	21.13	4.62	4 095.90	31.70	6.94
2014	11 544	38 850	3 885.00	27.68	6.03	5 827.50	41.52	9.04
2015	12 765	51 615	5 161.50	33.90	7.56	7 742.25	50.85	11.34

资料来源：计算自《中国统计年鉴》。

巴尔、吴卓瑾、乔宝云（2014）等学者在考虑基础设施维护费用的支出成本时，以每年 5%的维护费率为例对基础设施维护费用作了演示性的估计，笔者将其也纳入表 5-15 中作为对比。同时，我们也考虑了维护费用比率为 10% 和 15% 时的基础设施维护费用规模的情况。

通过表 5 - 15 可以看到，基础设施维护费用占财政收入的比例在逐年上升，2014 年和 2015 年费用基本已经在财政收入的一半左右，规模惊人。本小节所采用的 17.49% 的维护费率在全国范围而言会较为偏大，这一方面是由于 17.49% 的基础设施累积维护费用占基础设施累积建设费用的比例来源于西部县（市）级的地方政府样本居多的基础数据，并不能准确地以此比例反映全国情况；另一方面，本书由于数据限制，基础设施投资的累积数值从 2011 年开始算起。笔者认为，全国的实际数据应介于以 10% 和 15% 的维护费比率所算的数据之间。因为基础设施维护本身具有强制性和长期性的特性，所以其费用存在弹性较差和难以观察等特点，虽然本书以样本地区数据估算出的基础设施维护费用偏大，但也能看到在全国巨额投资基础设施的表面下，因此而产生且不断累积的基础设施维护成本。在如此规模的基础维护成本下，其所隐藏的风险自然而然也是巨大的。

第四节 本 章 小 结

本章分别从我国地方基础设施建设债务风险的描述和地方政府债务风险的评估预警以及基础设施维护费用与债务规模的关系分析三个方面展开。

首先笔者对我国地方政府债务风险做了一个概述，并对地方政府债务规模进行了描述性分析，主要结论如下：

（1）在我国中央政府与地方政府之间类似一种"父子关系"的背景下，传统的信用风险评估体系无法充分地体现我国地方政府债务风险。

（2）基础设施维护的本质在于对已经建设好的基础设施进行维护保养，具有一定的滞后性与长期性。

之后，为了对地方政府债务风险进行评估预警，笔者建立 KMV 了风险评估模型，在实证部分预测出了各样本县（市）级政府在 2016 年的政府债务违约风险，并根据违约风险预警值，计算出各样本县市安全的债务规模。主要结论如下：

（1）通过建立 KMV 风险评估模型，计算出了样本地区的合理偿债规模和债务违约概率，表明 KMV 模型作为一种经典的风险评估模型，能够较好地运用于我国地方政府债务风险的评估预警。

（2）对本部分实证分析的 26 个样本（地方政府）而言，以欧盟 60% 债务警戒线标准，大部分地区都处在债务警戒线以下。但通过 KMV 预警模型的实证分析，约有一多半的地方政府在 2016 年预期违约率超过合理安全的范围内。这在一定程度上说明，我国大多数地方政府仍然有一定的债务空间，但却存在着债务违约风险，需要对地方政府发债规模加以控制，以促进社会的可持续发展。

最后在通过维护费用引致债务风险的路径的分析以及得出地方政府的合理债务规模以及违约概率的基础上，笔者构建面板数据模型，以债务规模为因变量，引入基础设施维护、经济增长、城镇化、人口变化等因素，通过实证分析，对我国某些省份 26 个县（市本级）级地方政府的基础设施维护费用和债务规模之间的关系进行定量分析。主要结论如下：

（1）地区生产总值、人口增长率、基础设施维护费用、城镇化率等变量对于债务规模均有较为显著的影响。

（2）城镇化率对债务规模的影响系数最大，高达 2.203，即表明城镇化率每增加 1%，政府债务规模便增加 2.203%。城镇化建设对政府债务融资具有促进作用。在城镇化建设初期，需要大规模的基础设施建设，因此地方政府通过向商业银行贷款融资，增加地方债务规模，也就是说城镇化是决定政府债务规模的重要原因之一。

（3）地区生产总值对债务规模的影响系数为 0.086，表示地区经济每增长 1%，债务规模就增加 0.086%，经济越发达的地区产业发展越繁荣，税收额也相对较高，可担保的财政收入决定了政府债务规模，故政府可以承受的债务规模越大。

（4）基础设施维护费用与债务规模也存在显著的正相关，即基础设施维护费用每增加 1%，债务规模便增加 0.121%。可以看到随着基础设施维护费用的增加，债务规模的增长比例较小，但这也反映出增长量与债务存量有密切关系，作为资金的支出项，这表明基础设施维护费用不断累积会造成债务的结构性风险，基础设施维护费用的增多确实会形成政府债务压力。

（5）笔者通过比较样本维护费用增加1%对实际债务规模和合理债务规模之间的距离变化，来衡量维护费用所引致的债务风险大小。结果显示维护费用增加1%所引起的实际债务规模变动占合理债务规模的比例最大值为4.09%，最小值为0.04%，中位数为0.91%，均值为1.30%。可以看到，维护费用的变化引起了实际债务规模的较大的变化，政府应该保持足够的警惕。

（6）通过样本县（市）区2011～2015年的基础设施累积建设费用和基础设施累积维护费用的相关数据，笔者大致估算了一下全国2011～2015历年的基础设施维护费用，基础设施维护费用占财政收入的比例在逐年上升，2014年和2015年费用基本已经占财政收入的一半左右，规模惊人。

第六章

防范地方政府债务风险的对策建议

防范基础设施建设中的地方政府债务风险的最终目的不是消除债务，而是通过有效的手段将风险分散和转移，使风险控制在地方政府可承受范围内。根据现阶段我国地方债务风险现状，可以从完善地方政府举债制度、健全地方政府债务管理体系、实现基础设施建设与维护费用支出的合理配置以及创新地方基础设施建设投融资模式等方面做好风险防范。

第一节　完善地方政府举债制度

一、合理划分中央与地方间的财权与事权

虽然我国财政体系经过了多次改革，中央与地方之间的财政事权和支出责任不断明确，但是其划分还是存在着一定程度的不合理和不规范的地方。例如一些本来应该由地方政府承担的基本公共服务没有做到位；一些本该由中央政府直接负责的事宜却推给地方政府去承担；中央和地方共同承担的事项过多等都会造成地方财政紧张，投入到基础设施建设的资金就会十分有限，进而加剧基础设施建设和维护资金之间的挤占。因此，协调地方政府和中央政府之间的财权和事权是有效防范地方政府债务风险恶化的有力保障。

（一） 协调中央政府与地方政府间的事权

事权清晰是财权清晰的前提，中央政府和地方政府间的事权通常按照事权的直接性和有效性来划分。在划分央地事权时，要同时考虑基础设施建设支出事项的属性和效率。对于关乎国民经济、政治稳定和军事安全等领域的基础设施建设事项，应由中央来承担；对区域性明显的基础设施建设项目，地方政府通常具有较强信息优势，应由地方承担；如果是同时具有两种属性的基础设施建设事项，则要综合考虑中央和地方的比较优势共同承担，从而提高公共产品质量。地方基础设施建设事权主体与承担条件如表6－1所示。

表6－1　　　　　　　地方基础设施建设事权主体与承担条件

事权主体	承担条件
中央	关乎国民经济、政治稳定和军事安全等领域的项目
地方	区域性明显、外溢性弱的项目
中央与地方共同承担	具有正外溢性的公共产品项目

（二） 合理分配中央与地方政府间的财权

合理有效的财权划分应以科学的事权划分为基础。在中央和地方政府之间进行税种划分时，既要考虑税收属性，同时也要考虑征税效率。对于分配和再分配特性明显的税种以及会影响到宏观经济调控的税种，财权的归属应该以中央为主；而对于那些区域性明显、流动性差的税种，财权的归属应当以地方政府为主。合理划分中央和地方间的财权，需要重新调整中央和地方之间税权和收费权，加快推动税制改革，适当提高地方财权的独立性，以确保地方有充足财力行使相应事权，逐步降低地方在基础设施建设中过度依赖债务的问题。

二、规范中央和地方政府转移支付制度

中央财政资金是地方基础设施建设资金来源的重要组成部分。地

方政府所实施的很多基建项目是中央委托的事权，中央通过转移支付方式进行补助。但从现在情况看，中央许多专项转移支付都会要求地方政府按一定比例配套资金，配套资金就会造成地方预算被挤压，从调研来看很多地区安排基本的支出和配套资金后，基本没有可用于发展的项目资金。因此，需要进一步规范和完善中央对地方政府转移支付制度，使得转移支付资金能够切实弥补地方财力缺口，提高地方自主性。

合理的财政转移支付制度可以提高财政资金在不同地区的资源配置效率，缓解因财力分配与基础设施公共物品的刚性需求之间的矛盾所引发的地方债务压力。中央应继续规范转移支付资金的分配方式，强化监督机制，增强转移支付资金分配的透明度，逐步减少专项转移支付比例，不断加大一般性转移支付支出，尤其需注重增加对贫困地区的一般性转移支付的支出，缩小区域财政差距，扩大地方基础设施建设资金来源。

三、健全地方基础设施建设举债制度体系

地方基础设施建设中债务的举借与风险管理，需要有完善的制度和法律体系进行约束。需要对基础设施建设相关的投融资监管、债务偿还、发债主体资格、债务违约准备金等相关标准进行设定。限制出于绩效评估目的的不合理举债行为，对违反规定的政府负责人依法进行处置，对造成经济损失的则需追究其法律责任。

由于地方政府债务是地方基础设施建设的主要资金来源，有序推进地方政府举债制度体系完善是化解地方债务风险的重要手段。增加地方债务融资的透明度，有助于防范债务风险的发生。

（一）在地方法律层面上

在地方针对基础设施建设举债时，对政府的举债能力、信用等级、财务水平、担保条例、违约惩罚等方面都应做出明确法律规定，形成完善的法律体系，让地方债务存在的风险及其偿还能力更加透明，使其有法可依。将地方政府的借贷成本充分反映在其融资约束机制上，

用市场的手段来限制地方政府举债，约束其不合理的举债行为，并形成法律规范，从而降低地方债务风险。

（二）　在规章制度层面上

为防范地方债务风险，在规章制度层面上，应根据具体的基础设施建设项目，由中央为地方政府设定合理的赤字限额，对于超出赤字限额的债务申请不予批准；在地方基础设施建设中对债务用途结构进行限制，通过举债获得的资金禁止用于经常性支出；对地方债务的可持续性做出规定，使得地方债务余额以及偿还额占财政总收入的比重处于一个合理区间；对没有按照法定程序决策而盲目举债营造业绩的行为予以严厉惩治，对已经造成损失的应当追究其法律责任。

第二节　健全地方政府债务管理体系

一、化解存量债，控制新增债

地方政府应该采取分类、分步的方式化解存量债，可以通过增加财政收入、缩减不合理的财政支出、借助 ABS 的形式将存量资产置换成流动性好的有价证券，逐步清偿农村教育债务和农村垫交债务等历史存量债，优先解决拖欠时间最久的存量债，向前调整存量债在期限上的整体结构。对于增量债务方面，要更加谨慎，加强对新增债务的审批标准，严防个人业绩债务的产生。对融资平台进行深入彻查，规范其运行标准，可以通过破产重组、债务剥离、出售打包资产的方式，提高平台资产的流动性和盈利能力。只有盘活存量债、严把增量债，才能动态缓解地方基础设施建设债务压力。

二、设立完善的地方政府偿债机制

地方政府举债形式多种多样，构建完善的地方政府偿债机制最主要的就是要明确偿债责任。对于完全公共物品和劳务提供债务，应由政府一力承担；对市政建设项目所产生、并且伴随项目收益的融资平台债务，政府应起到督促债务偿还的作用；对非公共物品类的债务，应完全由举债主体承担，严防此类债务转嫁到政府身上。

要确保地方政府按期还本付息，防止逾期事件发生，应当完善偿债准备金制度，应对已经发生的逾期事件，设立偿债基金，并由各级财政部门统一管理，并定期公开资金募集和使用情况，让地方政府债务受到群众的监督。

三、建立地方政府债务信息披露制度

健全的债务信息披露制度有助于地方基础设施建设债务监管，防止地方基础设施建设债务资金的挪用，提高债务资金的使用效率，避免个人的"暗箱"操作行为，确保项目资金的收入全部流入财政专户。加大财务报告信息披露的力度，定时发布各类财务指标数据，并据此分析项目债务风险情况。为此，地方政府的财务报表体系需要做出进一步改进：一方面细化财政预算的披露内容，包含地方债务方面的详细信息（存量债务、新增债务、债务风险等级）；另一方面对于不符合地方债务条件的信息，要在财报上明确标注；通过立法的形式规范地方政府财务信息披露的内容和程度；规定信息披露的时间，确保信息披露的及时性；定期更新发布债务清偿、变动情况说明。

四、完善地方政府官员的考核机制

官员的政绩考核机制对当地政府行为具有很好的导向性作用，而不健全的官员政绩考核制度是诱使地方政府超预算举债的主要原因。为了更好地控制此类因不合理举债和倒债的债务风险，应将以 GDP 为核心的官员政绩考核体系升级为兼顾 GDP 和债务水平的考核体系。

2014 年中央经济责任审计工作部会议通过的《党政主要领导干部和国有企业领导人员经济责任审计规定实施细则》中规定，在审计各级地方政府领导人经济责任时，应以举债情况、债务资金使用方向、债务风险防范和监管等工作作为审计重点，并以此审计结果作为任免和考核地方政府的重要依据。该会议明确规定将地方政府的负债情况作为地方政府政绩考核体系中的硬性指标。

国家已经大力提倡将债务指标引入绩效评估体系中，下一步就是要将地方债务的相关指标规范化、全面化后具体落实到各级地方政府的政绩考核体系中，并将过去单纯的以"GDP 为核心"的政绩观转变为"兼顾发展和债务"的政绩观。实行"谁审批举债、谁负责偿债"的机制，防止地方政府旧债未了新债又生的现象发生，提高各届政府行为目的的一致性。

五、增设地方政府债务管理机构

降低地方政府债务风险，需要建立一套从中央到地方、从上到下、责任匹配的债务管理组织机构。从国外经验来看，可以分为市场约束型债务管理国家和行政控制型债务管理国家。其中市场型债务管理国家以美国为主，国内的金融监管机构负责监管地方政府债务；行政控制型国家由财政部负责监管地方政府债务。我国可借鉴国外做法，于财政部成立专门债务监管机构，全面负责各级地方政府债务的监督与管理，从而使得地方政府债务的监管更加全面与及时。

六、引入地方基础设施服务主体监管机制

根据公共选择理论，地方政府可能为了自身利益而盲目举债，忽视偿债风险。为了防范地方债务风险，应引入地方基础设施服务主体监管机制，重视地方基础设施服务主体的意见与反馈，通过基础设施服务主体的监督，从而优化地方基础设施维护费用支出，加强地方债务管理。一方面，根据地方基础设施服务主体的需求，合理举债，不盲目举债扩大基础设施建设；另一方面，根据地方基础设施服务主体的使用体验，及时更新维护基础设施，合理配置维护费用支出，真正发挥地方基础设施服务主体的监督促进作用。

七、加快存量政府债务置换，缓解债务压力

自 2015 年以来，财政部下达的 8.1 万亿元政府置换债券额度主要用来置换经全国人大批准 2014 年清理甄别锁定的存量政府债务。存量

政府债务置换成地方政府债券，可以在银行间和交易所债券市场进行交易，并鼓励符合条件的投资人购买。置换后地方政府债务利息负担一年可减轻400亿元到500亿元。

债务置换有助于推动我国地方基础设施建设债务管理体系的构建，总体来看债务置换对解决地方债务问题的作用体现在以下三个方面：

第一，债务置换能够有效化解政府存量债风险，提高地方政府融资能力，为地方政府创造良好的投融资环境。

第二，债务置换从一定程度上将短期的高利率债务置换成长期低利率债务，延长了债务周期，有效缓解短期债务资金拥堵的现象，减轻政府偿债压力。

第三，债务置换使用新发行债券置换贷款以及其他高成本债务，将8%～10%利率水平的存量债务置换成3%～5%利率水平的地方政府债券，降低了地方政府债务利息成本，提高了融资能力和偿债能力。

债务置换是地方基础设施建设债务重组的重要手段，并且未来的置换规模还会扩大。鉴于地方基础设施建设债务负担较重，将成本高、期限短的债务大规模置换为成本低期限长的债务可以在很大程度上缓解地方政府的财政负担，增强其融资能力和债务偿还能力。

第三节　实现基础设施建设与维护
费用支出的合理配置

一、加强地方政府对维护费用支出的重视

地方政府为满足基础设施建设资金需求，通过债务来筹集资金，其本身作为一种资金融通的手段是无可厚非的，但是筹集来的资金需要在规定的日期还本付息。如果筹资主体无法做到定期还本付息会损害信用，影响未来继续通过相同的渠道进行融资的难度和成本，既提高了企业的融资约束，也会对与该债务有关的金融体系产生致命的冲击，其影响将不仅仅是一项债务违约问题。

基础设施维护费用的合理配置不仅影响基础设施本身，对政府债务结构的优化也具有重要的影响，是对地方政府债务资金的再分配，因此需要加强地方政府对维护费用支出的重视。各级地方政府要做好学习宣传工作，深入理解维护费用对优化地方政府资源配置的作用，让优化维护费用使用的意识深入各级政府的建设工作中来；积极完善维护费用合理使用评分体系，让及时、合理、有效的维护费用投放得到应有的认可和奖励；设立专门的团队为维护费用使用的时间和比例做到科学的估计，做到维护费用投放的既不遗漏也不浪费。

二、完善基础设施中债务投资决策审核机制

造成维护费用投放不足的问题不仅是"重建轻养"造成，也与基建项目本身有关。对于非急需或实际价值不太高的基础设施建设，例如政绩工程、"面子工程"，是一种从源头上对债务资金的浪费。较低的债务资金利用效率会给地方基础设施建设债务偿还带来困难，增加地方债务压力。因此，在利用债务资金进行投资的过程中，应当坚决杜绝地方政府的盲目投资行为，规范债务资金使用流程，对投资项目的可行性和必要性等问题做到事前深入调查，务必达到所投资项目的经济效益和社会效益并重的目的，杜绝盲目投资行为。对于举债投资立项，要健全审批手段，同时减免不必要的审批流程，既要加强审批力度又要提高审批效率；而在项目进展期间要做到跟踪调查与监管，防止债务资金使用的低效率和浪费行为；同时不能草率结项，对项目要求是否符合标准应当做出科学全面的评价，并将债务资金使用浪费行为、结项的审批不严格等现象进行责任追究。

三、优化地方基础设施建设与维护费用支出结构

基础设施分为两个环节："建设"和"维护"。因为"建设"比"维护"更看得见摸得着，更好量化，所以就产生了"重建轻养"的现象。这是一种资源错配，是对地方基础设施建设中债务资金的浪费，而地方债务资金又是基础设施资金的源头，反过来又会影响"建设"和"维护"资金之间的再分配，会进一步的扭曲"建设"和"维护"

资金之间的分配比例，这其实就是资源的累计错配，因此对"建设"和"维护"两个问题一定要做到"两手抓、两手都要硬"。

建设资金和维护资金在自身特性上又有着很大的不同，建设资金的使用规模一般可以进行大概的预估，但是维护费用的使用情况却很难预估。即便做好了充分的财政预算，在地方政府未来的财政支出当中，有很多是没有办法提前确定的。这就类似于企业的生产经营，企业通常会对未来的生产经营做出预期规划，但是在经济实际运行过程中，其所面临的劳动力、原材料以及市场需求等方面都存在不确定性，这些不确定性因素会对企业资金需求产生巨大的影响。地方政府的财政支出也同样如此，整个地区经济生活的不确定性很大，这些不确定性大致分为三个方面：一方面是天灾所引发的区域性的损失所带来的地方政府支出，比如洪水、台风、干旱等自然灾害；另一方面是由于经营性基础设施建设以及经营性项目回收现金流的问题，大多会因为经济形势或市场需求的变化而陷入现金流回收不足的困境；最后一方面是对前期已完工的基础设施建设项目后期维护的不合理和不及时等问题，导致大量基础设施建设资金的额外支出，从而带来的额外的地方债压力。

综合来考虑以上三个方面，可以发现，对于天灾这类问题只能由政府来买单，这是因为社会的力量分散且不及时，而且类似的天灾是不可逆的，不能通过某种手段避免其发生；对于政府投资的经营性项目的效益问题，一方面取决于其生产经营能力，另一方面取决于社会需求的变化；而对于已完工的基础设施的后期维护问题来说，虽然存在不可抗力的因素，但大多数的超额维护费用的支出来自对基础设施维护的不合理和不及时，基础设施的维护工作如果及时到位的话，会延长基础设施使用寿命，这无形中就会减少地方政府新增债务，化解债务压力；还有些基础设施能够在最恰当的时间段进行维护，会在很大程度上减少维护费用的支出，这就提高了地方政府债务的利用效率。

从以上三个方面来说，天灾是无法阻止又必须支出的；实际经营状况一直都在强调且一直在改善；不科学的基础设施后期维护所引发的高额维护费用是可以通过合理的规划以及及时的维护而得到改善的。

目前学术界对合理的基础设施维护费用安排方面的研究还很少，虽然单纯以维护费用为名义的开支可能并不是很多，但是因为不及时的维护而造成的提前报废等损失却是巨大的。因此，对于基础设施的维护和建设问题不能分开看待，两者并非独立，要对二者的支出结构进行优化。

四、提高地方基础设施维护费用使用效率

基础设施建设和维护资金的使用不仅面临着分配均衡的问题，同时也面临着使用效率的问题，这种使用效率的改善又可以细分为时间上的效率和结构上的效率优化，即同时实现在时间维度上将维护费用资金投放于损失放大节点之前；又达到维护费用的支出不扎堆，降低维护资金与建设资金的使用在结构上的冲突。

维护费用的合理配置可以优化地方基础设施建设资金配置，从而在很大程度上减少地方基础设施建设债务的支出，甚至是延长基础设施的使用寿命，放缓基础设施的更新频率。对于和民间资本进行"特许经营权"让渡的PPP项目，可以将基础设施的维护工程以一种新的项目形式让其他民间资本参与进来，并对维护工程的评估体系进行优化，制定出一套能够对维护工作完成情况进行量化的指标，并对不同时间段的维护工作的完成情况进行奖励或惩罚。比如因维护费用使用高效，使得基础设施保养良好，将会得到奖励；而因维护工作不到位导致的基础设施破损，将会受到惩罚。合理的基础设施维护费用安排，可以提高地方政府债务资金的使用效率，实现基础设施建设与债务之间的可持续性发展。

五、设立基础设施维护费用预算机制，延长基础设施寿命

基础设施维护的目的是为了延长使用寿命，最大限度地发挥其价值，降低重置成本，延长重建时间。应设立基础设施维护费用预算机制，即根据不同基础设施的不同性质，测算基础设施折旧的速度，评估基础设施维护费用规模，在此基础上，对基础设施维护费用做出合

理的预算，随着年限的增加，不断地对基础设施情况进行调查，调整预算金额，确定合理的基础设施维护费用预算机制。一方面，可以及时补充基础设施维护费用资金，充分保养基础设施，延长资产寿命；另一方面，合理的预算能够优化资金配置，不造成铺张浪费，使得资金效率提高，促进基础设施建设良性循环发展。

第四节　创新地方基础设施建设投融资模式

目前，我国基础设施建设领域市场化程度还不够完善，投融资模式较为单一，使得资金配置效率不足。未来应进一步促进基础设施建设产品价格的市场化、基础设施建设资金筹集的市场化以及基础设施建设项目实施的市场化，创新地方基础设施建设投融资模式，提高资金配置效率。

一、建立基础设施公共产品市场化定价机制

我国当前基础设施类公共产品定价存在不合理现象，有些是价格太低难以覆盖成本；有些是定价过高，但经营效率低下。基础设施公共产品定价的规范化、市场化，将会帮助公共服务供给领域引入社会资本，有利于政府服务供给效率的提高，也是维持高品质公共产品的必要保障。由于自然垄断和非自然垄断企业本身的市场化程度不同，因此改善产品定价不合理的现象，需要从不同的着眼点入手。

首先，对于自然垄断类的基础设施公共产品，其供给只能由政府来承担，而这类产品的初始目的并不是盈利而是完善基础设施建设。对于这类价格太低而不能覆盖成本的产品，需要促使其价格回归市场，以便让这类产品可以通过持续经营的方式运营下去，同时也可以缓解其为政府带来的债务负担。从减少财政支出压力和降低贫富差距两个方面来看，对于某些自然垄断类的基础设施公共产品确实需要适当实施定价方面的改革，使得这类基础设施公共产品和服务能够更好地覆盖其成本，在起到提供公共服务作用的同时，也未增加地方政府压力；

而对于低收入者而言，可以通过发放特殊乘车卡的形式降低其乘车费用，同样也能达到降低贫富差距的目的。对于这类大型自然垄断类公共产品，至少应该能够覆盖成本，才能可持续地提供服务。

其次，对于提供非自然垄断类基础设施的企业，往往有国有企业的介入，外来企业的再进入难度大，从而缺乏竞争力。因为没有适当的市场竞争机制的刺激，这类企业效率往往远低于私有部门，虽然所提供的基础设施公共产品价格不低，但是低效率所带来的高成本使得这类企业收益不能覆盖成本。针对这种基础设施公共产品，就需要打破市场准入门槛，鼓励民间资本进入该领域，减少地方政府干预，从而提高盈利能力，增加地方收入，提高地方偿债能力。

最后，建立基础设施公共产品市场化定价机制，就是要深化经济体制改革，合理区分政府和市场之间的边界，实现由"全能型政府"向"服务型政府"的转变。这种转变不但可以减轻地方债务负担，而且能够充分调动社会资源，促进基础设施建设。

二、引入资产证券化等长期融资工具

引入资产证券化等长期融资工具，是创新地方基础设施建设投融资模式的重要途径，能够拓宽地方基础设施建设资金来源渠道，优化地方基础设施建设资金结构，降低地方债务压力，防范地方债风险。

（一）资产证券化（ABS）融资模式的内涵

资产证券化是将当下不能够提供现金流，但未来却有稳定现金流的资产汇总在一起，并重组为"资产池"。这种"资产池"具有能够在未来回收现金流的能力，将这种能力以有价证券的形式卖出。意图将资产进行证券化处理的主体被称为发起人，发起人将各种流动性差的金融资产（基础设施建设项目的收费权、住房抵押贷款、商业信用贷款）通过筛选组合形成资产池，发起人将该资产池出售给 SPV（Special Purpose Vehicle），SPV 用"资产池"作为支持来发行证券。投资者购买了经过 SPV 打包后的资产支持证券，将会获得资产池中未来现金流的投资收益，而发起人将未来的现金流打包出售后，能够在当下获得全部资金，这些资金可以用来发展其他项目。

债务资金主要用于基础设施建设，而基础设施建设又具有很长的建造时间和经营周期。从建设到投产再到产生应力，需要经历一个漫长的阶段，这类借款一定是长期融资项目，而国内目前并没有健全的长期融资工具。这使得一方面社保、住房公积金等长期资金没有与之匹配的投资工具；另一方面地方政府也只能通过融资平台进行融资，这就加大了地方政府融资在期限上的不匹配和高融资成本的风险性，从而需要大力发展资产证券化（ABS）类的长期金融工具来满足地方政府对资金的需求。资产证券化流程如图 6-1 所示。

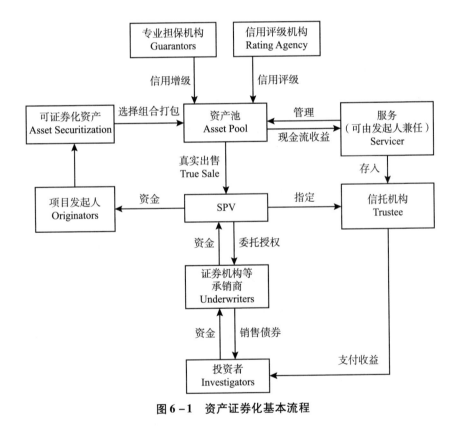

图 6-1　资产证券化基本流程

资产证券化始于 20 世纪 70 年代，开始主要用于银行为个人住房抵押贷款构造的信用资产证券化 MBS，后来逐渐发展到应收账款以及汽车类贷款等领域。20 世纪 80 年代后，资产证券化蔓延到基础设施建设领域，遍及燃气、供暖等日常生活必需品的应收账款以及公路、地铁等交通运输收费项目。尤其是对基础设施建设项目筹集建设经费时，将项目的未来收费权作为资产证券化的支持资产，由较低的成本筹集项目经费，实现低成本长期融资的目的。

第一阶段，20 世纪 70 ~ 80 年代，美国的资产证券化开始萌芽。此时的资产证券化仅限于 CMBS（商业住房抵押贷款）和 RMBS（居民住房抵押贷款），统称为抵押贷款支持证券 MBS。经过大量的实践证明资产证券化产品确实具有帮助金融机构分散风险的作用。1987 年，在美国证券市场中的份额超过 1 000 亿美元。

第二阶段，20 世纪 80 ~ 90 年代，ABS 问世，证券化的范围进一步扩大，除了传统的以抵押贷款作为发行的标的资产外，还尝试过将租赁费和应收账款作为标的资产，不过这些创新的资产证券化产品在资产证券化总体规模中比重较低，而 RMBS 类产品的规模进一步扩大，并于 20 世纪 90 年代初超过了 4 500 亿美元。

第三阶段，20 世纪 90 年代中期至今，资产证券化已经在全球范围内得到推广。在这个阶段，资产证券化的范围扩大到了基础设施建设领域，遍及燃气、供暖等日常生活必需品的应收账款以及公路、地铁等交通运输收费项目。尤其是对基础设施建设项目筹集建设经费时，将项目的未来收费权作为资产证券化的支持资产，由较低的成本筹集项目经费，实现低成本长期融资的目的。

（二）资产证券化的优势

1. 提高流动性

对于基础设施建设项目投资人来讲，通过 ABS 方式可以将流动性差的存量资产置换成现金或流动性强的有价证券。对于商业银行来讲，ABS 可以将流动性差的存量贷款置换成现金保持流动性，同时将风险转移出去。将基础设施建设项目通过 ABS 模式处理后，银行之间可以交叉持有多个项目为标的发行的产品，从而达到分散风险的作用。因此无论是基础设施建设项目的投资者还是商业银行，都愿意通过 ABS

方式将流动性差的资产置换成流动性强的资产，以达到分散和转移风险的目的。

2. 降低融资成本

对于不能发行股票或债券但又有优质资产的公司来讲，ABS 是很好的融资渠道。资产证券化处理后的资产可以实现信用增级的目的，使得信用级别超过原本企业的信用级别，使企业能够以更低的融资成本借债。实践表明，ABS 的融资成本低于企业债的融资成本。因此，利用 ABS 模式筹集基础设施建设资金，有利于降低其融资成本。

3. 改善资本结构

《巴塞尔协议》对商业银行资本净额与表外风险加权资产的比例有不得低于8%的限制，ABS 可以灵活调节商业银行的存量信贷资产，实现调节资本结构满足银行监管标准的目的。对于基础设施建设投资类企业，ABS 可以有效调节企业的资产负债率，此类企业具有资金量大、回收期长的特点，此时如果公司需要控制资产负债率，可以通过资产证券化的方式将基础设施建设资产置换成现金，从而改善资产负债表结构。

4. 控制风险

如果银行的贷款端是长"久期"资产，但该部分贷款的资金来自短"久期"的融资，就会造成"久期"错配的情况。为了实现资产"久期"的匹配，银行可以选择性地将部分信贷资产置换掉，从而有效地控制风险。地方基础设施建设引入 ABS 融资模式，也有利于缓解"久期"错配现象，降低地方债务风险。

5. 丰富投资品种

股票投资因为受到多重因素的影响具有不确定性，债券投资风险虽然低但收益同样也低。ABS 类产品介于两者之间，风险与债券类似，收益会略高于债券。从这个角度来看，ABS 是一种比较理想的投资产品，当其与地方基础设施建设项目相结合时，为投资者提供了更多选择的余地。

（三）引入资产证券化（ABS）融资模式的具体途径

资产证券化（ABS）类金融工具不但可以满足地方债务"久期"长的特点，而且还可以化解银行的金融风险以及地方债务的整体风险水平。

从银行角度来讲，将地方基础设施建设债务融资平台的资产进行资产证券化处理之后，可以提高产品的信用等级，从而化解潜在的金融风险。在 2013 年地方债务来源中，银行贷款占据一半以上的比例，是第一大来源，加之很多信托和券商等通过银行的"通道业务"进行融资，则地方债务中银行资金所占的比重就会更大。通过融资形成的贷款属于"非标产品"，具有流动性差的特点，使得地方债务风险集中在银行体系。这样一来不但降低了央行资产的流动性，同时也削弱了银行的放贷能力。因此，商业银行可以通过信贷资产证券化（CLO）的形式将流动性低的地方基础设施建设债务平台贷款变现，那么就能够改善银行流动性差的问题，同时将融资平台的资产以 CLO 的形式流放到市场中，有助于市场对其进行风险评估和定价。

从地方基础设施建设债务融资平台的角度来讲，将平台资产打包成 ABS，可以化解地方债务的整体风险。这就相当于通过市场的手段对地方债务风险水平进行评级，通过施加不同融资约束的方式，来引导政府改善自身的债务风险水平。同时"实物资产"要优于"消费信贷资产"，才能组合成高信用水平的 ABS 资产，从这个层面上讲，将地方基础设施建设债务融资平台资产进行 ABS 打包后，不但能够盘活地方存量资产，而且还能够降低地方融资成本，同时还能够缓解地方债务对银行等间接融资渠道的过度依赖问题。

从政府的角度来讲，同样大力支持 ABS 类产品的发展。2012 年 5 月，由央行、财政部、银监会共同发表的《关于进一步扩大信贷资产证券化试点有关事项的通知》中声明，ABS 试点规模为 500 亿元；2013 年 3 月颁布的《证券公司资产证券化业务管理规定》中对券商发起的 ABS 业务做出了明确的规定，ABS 的基础资产中包含了各种基础设施建设项目的收费权，由此可见党中央领导对通过 ABS 类产品化解地方债务危机给予了厚望。2013 年 8 月国务院总理李克强在国务院会议上指出"要进一步扩大信贷资产证券化试点",会议同时强调优质的信贷资产证券化产品可在交易所上市交易。

三、推广政府和社会资本合作投融资模式

创新地方基础设施建设投融资模式,需要推广政府和社会资本(以下均由 PPP 代替)模式,提高民间与社会资本参与地方基础设施建设的积极性,激发民间资本活力,降低地方债务压力,控制地方债务风险。

(一) PPP 模式的内涵

所谓公私合作模式(Public – Private Partnership,PPP),是政府与社会资本相结合的一种投融资模式,简称 PPP,是公共基础设施建设中一项重要的项目融资模式。PPP 这个词最早由英国政府提出,指政府与私营商签订长期协议,授权私营商代替政府建设、管理基础设施,并向公众提供公共服务。PPP 模式鼓励私营企业和民营资本与政府合作,积极调动社会各方面力量参与基础设施建设。

随着 PPP 投融资模式的发展,其在基础设施建设项目融资领域中发挥着越来越重要的作用。

首先,基础设施公共产品和服务在生产经营过程中具有非营利性、非排他性等特点,因此其不能由私人部门单独完成;其次,由于基础设施公共产品和服务具有人均性、规模性以及大规模人力、物力消耗的特点,由政府单独来承担并完成基础设施公共产品的生产和公共服务的提供,将会给其带来巨大的资金压力和风险。那么在这样的背景下,由政府主导牵头基础设施建设项目,由私人部门出资、出力的公私合作的投融资模式 PPP 就产生了。PPP 模式是一种应用在纯公共领域或准公共领域的市场竞争的筹资模式,从而实现比单独某一方行动更有利的结果。PPP 不仅是一种基础设施建设投融资手段,更是一次体制机制的改革,涉及行政、财政、投融资体制的改革。

（二）PPP 模式的三大特征

根据 PPP 模式产生的基本动机和功效，可知其与生俱来伴随着三大特征，分别为伙伴关系、利益共享以及风险共担。

1. 伙伴关系

伙伴关系体现着政府和社会资本的合作，这种伙伴关系与一般意义的企业和政府部门之间的业务往来不同，其最主要的特点在于政府和私营部门之间目的的一致性：就是在某个具体的项目上，以最少的资源消耗实现最合理的资源配置，提供最优质的产品和服务供给。PPP 的这种伙伴关系最大的贡献就在于，以实现自身利益最大化为目标的私营部门，与以实现公共福利和公共利益为追求的公共部门的目标一致化。因此 PPP 模式非常适用于基础设施建设项目融资，能够提高基础设施建设融资效率，从而降低地方债务压力。

2. 利益共享

PPP 项目目标的一致化只是一个好的开始，为了维持这种伙伴关系，并将其持续发展下去，就需要同时考虑双方的利益问题，从而形成了利益共享和风险共担的特点。PPP 模式中的利益共享并不是公共部门同私营部门的利益瓜分，如果没有政府部门的监督和把控，很容易形成私营部门随意定价、垄断市场并获取超额利润的过程。但是 PPP 模式经营的项目都是公益性的基础设施建设项目，其本身是不以利润最大化为目的的。如果恶意提高价格，则会引起社会不满甚至社会混乱现象，因此这种利益共享就变成了一件很重要又很微妙的事情。所谓的利益共享包括两层含义，一方面是说合作的双方合理地获得 PPP 所产生的一部分社会回报；另一方面是说让参与其中的私人部门、民营企业获得相对平和的、长期稳定的投资回报。可见利益共享是维持伙伴关系的重要基础之一，如果没有利益共享的支撑，也就不可能形成可持续的 PPP 伙伴关系。正是利益共享的特点，才使得基础设施建设融资能够获取长期可持续的状态。

3. 风险共担

收益一定是有效承担了一定的风险后的产物，解决利益相关体之间的利益分配问题，就需要平衡两者之间的风险承担问题。在传统经济学理论中，无论是计划经济、市场经济、公共部门、私人部门，都是风险厌恶者，同时又是不承担风险就没有利润来源的主体。在 PPP 投融资模式之前，基础设施公共物品的生产和公共服务的提供都是由政府部门提供，而政府部门又是不以盈利为目标的，基础设施公共物品支出在财政支出当中占比又是最大的，从而构成了巨大的地方债务压力。

风险共担的特征是 PPP 模式区别于公共部门或私营部门运营模式的显著特点，而这种风险共担不仅是指当出现资金损失时由 PPP 项目参与者一起承担损失，而且还体现了一种资源的优化配置，即充分发挥各方面优势承担自己擅长领域的风险。比如一个修路架桥的项目，如果因为一段时间内流量不足而引起经营风险，导致私营无法达到最低预期收益的标准，公共部门可以对其提供现金流的补贴或者税收方面的优惠，从而分担了私营部门因需求不足而产生的经营风险。而在具体生产经营方面，由于基础设施建设领域是政府管理层"低效率风险"的高发区域，因此私人部门承担大部分或者全部的具体职责。可见 PPP 模式的风险共担并不仅是共同承担风险损失，而且还是一种充分发挥各自的优势，去交叉承担对方的风险，从而实现优势互补的一种模式。

从以上三种特点可以看出，PPP 模式并非是简单的基础设施建设"融资模式"，同时也是一种管理模式上的创新发展。

（三）PPP 模式类别

公司伙伴关系 PPP 模式的广泛应用开始于 20 世纪 80 年代，广义的 PPP 模式就是指公共部门和私人部门合作伙伴关系的统称，其本身是个很宽泛的概念，加上不同国家意识形态的不同，使得对 PPP 广义概念的划分存在着不同。财政部对中国 PPP 模式的定位是政府与社会资本在基础设施、公共服务领域的一种长期合作关系，是一种广义的 PPP 范畴。但是本书对 PPP 的通用模式的研究主要集中于狭义的 PPP 概念上，因此在接下来的阐述中 PPP 是指狭义的 PPP 概念。狭义的

PPP 侧重的是政府部门与私人部门之间合作的项目融资方式，狭义的 PPP 更加侧重各部门在实际项目合作中的运作方式、投融资职能以及风险分担机制；同时要明确 PPP 所提供的资金只能是服务于公共产品和服务，特别是基础设施建设；最后出于对双方利益的保护，通过合同的方式明确规定双方的权利和义务。

狭义的 PPP 模式通常是由社会资本承担大部分或者全部的基础设施建设、运营以及维护工作，通过政府付费以及使用者付费相结合的模式为项目提供稳定的现金流；基础设施项目完工后再接受有关政府部门的价格和质量评测，确保公众利益最大化。

PPP 模式可以在基础设施公共产品及公共服务的各个环节参与进来，从而可按照社会资本在 PPP 项目中的参与程度、产权归属、投融资职责以及风险分配等因素对 PPP 项目进行分类。世界银行按照经营权、所有权归属等要素将 PPP 分为 6 种模式，加拿大 PPP 国家委员会依据私人部门在项目中的风险承担情况将 PPP 分为 12 种模式。结合中国现有的存量 PPP 项目，可将 PPP 归类为外包类、特许经营类和私有化类模式，并且中国力推的 PPP 是以特许经营类为主的，结合中国实际情况的 PPP 分类如表 6 – 2 所示。

表 6 – 2　　　　　　　　　　结合中国实际情况的 PPP 分类

类型	具体运作形式
外包类	MC 管理合同
	O&M 委托经营
	BT 建设—移交
特许经营类	BOT 建设—拥有—转让/移交
	BOOT 建设—拥有—经营—转让/移交
	TOT 转让—运营—移交
	ROT 改建—运营—移交
私有化类	BOO 建设—拥有—经营
	BBO 购买—建设—经营

从中国城市基础设施建设实际运作情况来看，主要以 BT 和 BOT 两种方式为主。其中 BT 类型项目承担的主体是政府所属的融资平台以及其控股的国有企业；而 BOT 类型项目的社会资本参与程度较高，目前主要集中在污水处理、城市天然气以及污水处理等公共事业领域，主要由通过赋予社会资本特许经营权的方式进行。BT 模式的基础设施建设项目在投融资具体运作环节中，主要依赖政府部门和国有企业；而 BOT 项目主要依赖于向社会资本让渡一定时间内特许经营权的方式，社会资本参与程度高，同《操作指南》中所指的 PPP 内涵基本一致。从这个意义上来讲，中国存量 PPP 项目中主要以特许经营类项目 BOT 为主。依据《操作指南》，中国现行的 PPP 模式下，项目的所有权最终都要被政府部门或其指定相关机构收回，虽然《操作指南》中对 PPP 项目的运行模式也列举了私有化形式，但是在现阶段的中国，这种私有化的形式主要针对具有特殊性质的项目展开，不会成为主流模式，未来将仍然以特许经营模式为主。

（四）发展 PPP 模式化解地方债务风险

一方面，PPP 模式丰富了市政基础设施建设资金，但有些基础设施项目收益低，无法覆盖成本，这也是民间资本不想参与的主要原因。在 PPP 模式下，政府适度放开公共产品的定价，让利给民间资本，并给予一定的财政补贴，使市政建设项目能够带来稳定的回报，提高了市政建设项目对民间资本的吸引力和参与度。

另一方面，PPP 模式以一种市场的形式选择民营资本，所提供的资产在质量上要优于传统政府主导的投资方式，大大提高了市政建设的投资效率。在 PPP 项目实施过程中，企业不断要参与项目建设，还要参与后期经营过程，这两部分的投资效率都关乎企业的经济效益，这就使得企业有很大的动力去提高产品质量，节约生产成本，提供"多快好省"的市政建设服务。

在所有制方面，PPP 模式迎合了"混合所有制"的思路，尤其是在经济新常态的环境下，迫切需要社会资本的积极参与，以提高经济效益。党的十八届三中全会对市场和政府的作用进行了调整，强调了充分调动民间资本参与到基础设施建设领域的迫切性。因为基础设施项目通常具有公共物品的特性，政府虽然对其经营不进行干预，但在一些重大问题的决策上仍要保留一票否决权。

由此可见，无论是在资金层面，还是在产品质量层面，PPP 模式都分担了地方财政压力，缓解了地方债务风险，同时还提高了民间资本的参与程度，在地方基础设施建设过程中实现更合理的资源配置。

第五节　本章小结

本章针对基础设施维护费用视角下我国地方政府债务风险的理论与实证分析，提出防范我国地方政府债务风险的对策建议，具体包括完善地方政府举债制度、健全地方政府债务管理体系、实现基础设施建设与维护费用支出的合理配置以及创新地方基础设施建设投融资模式四个方面。

第七章

研 究 结 论 与 展 望

第一节　研 究 结 论

随着我国城镇化进程加快，地方政府债务规模逐渐膨胀。由于我国地方债务投向以基础设施建设支出为主，因此地方基础设施建设支出的增长进一步扩大了地方政府债务风险。长期以来，我国存在着"重建轻养"的问题，对维护工作的忽视造成了维护费用配置不合理以及维护资金使用效率低下的情况，这使得地方基础设施破损问题加重，资金需求提高，进一步加大了地方政府债务压力。本书正是以地方基础设施维护费用为视角，研究地方政府债务风险，并以我国某些省份的 26 个地方政府的样本数据进行了相应的实证检验。

在理论分析部分，我们首先对我国地方基础设施建设现状及债务风险进行分析。发现地方基础设施建设占地方政府债务资金投向比重较大，地方基础设施建设中的地方债面临着期限错配和债务违约的风险，并且维护费用的不合理配置也会加剧上述风险。此外我们还对国内外基础设施维护费用支出进行了对比，通过对国外公路基础设施维护费用支出进行分析可知，在地方基础设施建设规模的扩大和不变阶段，维护费用支出都是巨大的，不充分的维护费用支出会降低地方政府债务资金的使用效率。其次，在基本的跨期预算约束模型中，从长期来看，地方政府大举借债是为了投资于基础设施建设，依靠基础设施建设对经济的促进作用以保持一定的经济增长水平。为了降低地方政府债务风险，地方政府需要对基础设施费用做出结构性的调整，逐步增加基础设施维护费用，减少基础设施建设费用的投入，从而使得由基础设施投资引起的 GDP 增长点逐步向提供基础设施维护等服务性产业转变。如若长期保持一种"重建轻养"的做法，地方政府债务风险将很难控制。在效用函数模型中，如若地方政府以居民福利效用最大化为目标，反映居民耐心程度的主观贴现因子越大，居民越注重当期享受，政府用于基础设施费用的支出越多，越忽视对基础设施的维护。风险规避系数越大，政府基础设施费用支出越少，居民福利会相应越少。如若地方政府以地方政府效用最大化为目标，地方政府投资于基础设施，既能够保障公共利益，实现经济的快速发展，也能够满足自身利益，实现自身效用的最大化，再加上有中央政府为其"搂底"，所以地方政府会向同级看齐，继续将大量的资金投资于基础设施建设，这必然会带来政府借债规模的扩大，这很有可能会突破地方政府的债务警戒点，导致地方政府债务风险积聚。

在实证分析方面，本书选取了某些省份的 26 个县（市）级地方政府作为样本，对基础设施维护费用、基础设施建设费用以及地方政府债务之间的关系进行了实证分析。实证结果表明：滞后一期的基础设施累计建设费用对基础设施维护费用的影响系数为 0.052，二者正相关，符合相关的预期假设。在基础设施建设费用持续投入，基础设施维护费用规模不断积累的背景下，样本所代表的我国地方政府财政缺乏可持续性，导致地方政府债务很难持续性地增长，从而带来一定的债务风险。地区生产总值、人口增长率、基础设施维护费用、城镇化率等变量对于债务规模均有较为显著的影响，城镇化是决定政府债务规模的重要原因之一，基础设施维护费用与债务规模也存在显著的正相关，基础设施维护费用每增加 1%，债务规模便增加 0.121%。可以看到随着基础设施维护费用的增加，债务规模的增长比例较小，但这也反映出增长量与债务存量有密切关系，作为资金的支出项，这表明基础设施维护费用不断累积会造成债务的结构性风险，基础设施维护费用的增加确实会增加政府债务压力。维护费用增加1%所引起的实际债务规模变动占合理债务规模的比例的均值为1.30%，可以看到，维护费用的变化引起了实际债务规模的较大变化。以欧盟60%债务警戒线为标准，大部分地区都处在债务警戒线以下。但通过KMV预警模型的实证分析，超过一半的地方政府在2016年预期违约率超过合理安全的范围内。这在一定程度上说明，我国大多数地方政府仍然有一定的债务空间，但却存在着债务违约风险，需要对地方政府发债规模加以控制，以促进社会的可持续发展。

最后，结合我国实际情况，从基础设施维护费用视角出发，提出防范我国地方政府债务风险的对策建议，主要包括以下内容：

第一，通过合理划分中央与地方间的财权与事权、规范中央和地方政府转移支付制度、健全地方基础设施建设举债法律体系来完善地方政府举债制度。

第二，通过化解存量债、控制新增债、设立科学的地方政府债务偿还机制以及信息披露制度、探索合理的政府官员考核机制、增设地方政府债务管理机构以及促进地方债务置换来健全地方政府债务管理体系。

第三，通过加强地方政府对维护费用支出的重视、完善基础设施债务投资决策审核机制、优化地方基础设施建设与维护费用支出结构、提高地方基础设施维护费用使用效率来实现基础设施建设与维护费用支出的合理配置。

第四，通过建立基础设施建设产品的市场化定价机制、引入资产证券化等长期融资工具以及推广PPP模式来创新地方基础设施建设投融资模式。

第二节　研 究 展 望

未来对地方政府债务风险的研究，首先应从更加丰富完善的角度出发，在充分论证地方基础设施建设、维护费用以及地方政府债务风险关系的基础上，致力于获取更加完善的地方债务与基础设施维护费用的相关数据，可从全国东、中、西部三个大的地域板块出发进行研究，从而得到更适用于全国地方政府的结论，并就地域差异为切入点对我国地方政府地方债务风险展开分析；其次，可以从政府的行为选择角度进一步深入，可以尝试将居民效用最大和地方政府效用最大结合起来刻画政府状态，还可以更多地考虑官员约束机制、考核机制以及预算公开透明政策等因素去分析地方政府债务的形成机理。除此之外，还可从测度全国基础设施维护费用规模出发，从而对我国基础设施维护费用的整体情况做一个较为精准的估算，并且关注地方基础设施与城市发展的动态关系，研究地方基础设施建设对地方政府债务规模的需求，进一步研究地方基础设施维护费用的预算以及审计机制，探究合理的地方债务规模。

参 考 文 献

［1］巴曙松．地方政府投融资平台的发展及其风险评估［J］．西南金融，2009（9）：9－10.

［2］财政部财政科学研究所课题组．我国地方政府债务态势及其国际借鉴：以财政风险视角［J］．改革，2009（1）.

［3］财政部预算司课题组．地方政府举债的破产机制［J］．经济研究参考，2009（43）.

［4］曹燕萍，罗娟．地方财政土地出让金偏好的风险及规避［J］．财经理论与实践，2012，33（3）：71－75.

［5］陈柳钦．地方政府融资平台举债行为及其影响分析［Z］．南开大学，2012.

［6］陈勋．高速铁路基础设施综合养护维修管理模式探讨与实践［J］．铁道建筑，2013（6）：122－125.

［7］陈志斌，陈颖超．地方政府债务管理视角下的政府会计信息效应研究［J］．商业会计，2016（3）：10－13.

［8］陈志刚．金融开放视角下的财政约束与改革［J］．上海经济研究，2005（8）：10－15.

［9］邓淑莲，彭军．地方政府债务风险控制的国际经验及启示［J］．财政研究，2013（2）：71－74.

［10］刁伟涛．"十三五"时期我国地方政府债务风险评估：负债总量与期限结构［J］．中央财经大学学报，2016（3）：12－21.

［11］董彦国，程进升，石泉．石家庄：探索城市基础设施运维新机制［J］．中国财政，2014（22）：62－63.

［12］段振文，张雪莲．地方政府融资平台贷款的风险特征探析［J］．中央财经大学学报，2013（8）：12－18.

［13］范剑勇，莫家伟.城市化模式与经济发展方式转变——兼论城市化的方向选择［J］.复旦学报（社会科学版），2013，55（3）：65－73.

［14］范剑勇，莫家伟.地方债务、土地市场与地区工业增长［J］.经济研究，2014（1）：41－55.

［15］封北麟.地方政府投融资平台的财政风险研究［J］.金融与经济，2010（2）：4－7.

［16］冯进路，刘勇.从国际比较和我国政府债务化解的历史经验看当前地方政府债务问题［J］.金融理论与实践，2012（5）：33－35.

［17］冯晓.地方公路养护管理研究［M］.成都：西南交通大学出版社，2002.

［18］伏润民，缪小林，师玉朋.政府债务可持续性内涵与测度方法的文献综述——兼论我国地方政府债务可持续性［J］.经济学动态，2012（11）：86－93.

［19］甘甜甜.公共基础设施建设 PPP 模式研究［J］.科学中国人，2016（14）.

［20］高佳文.新形势下地方政府债务适度规模研究［D］.吉林大学，2016.

［21］龚强，王俊，贾珅.财政分权视角下的地方政府债务研究：一个综述［J］.经济研究，2011（7）：144－156.

［22］国家发改委宏观经济研究院课题组.高等级公路收费与融资问题研究［J］.经济研究参考，2004（5）：22－32.DOI：10.16110/j.cnki.issn2095－3151.2004.05.003.

［23］韩立岩，郑承利，罗雯，等.中国市政债券信用风险与发债规模研究［J］.金融研究，2003（2）：85－94.

［24］郝淑萍.地方政府债务形成原因及会计防范［J］.中国经贸，2015（23）：233.

［25］何姗.地方政府债务管理：国外经验借鉴［J］.应用经济学评论，2010（1）.

［26］贺雪峰，王习明.村级债务的成因与危害——湖北 J 市调查

[J]. 管理世界，2002（3）.

[27] 黄健，毛锐. 地方债务、政府投资与经济增长动态分析 [J]. 经济学家，2018（1）：88 – 96. DOI：10.16158/j. cnki. 51 – 1312/f. 2018.01.010.

[28] 黄志斌，郭亚红. 基础设施折旧与基础设施投资及科技进步关系的实证研究 [J]. 华东经济管理，2013（9）：165 – 168.

[29] 贾康. 我国地方政府债务风险和对策 [J]. 经济研究参考，2010（14）.

[30] 贾银萍. 关注地反政府融资平台贷款风险 [J]. 银行家，2009（7）：26 – 28.

[31] 金戈. 中国基础设施资本存量估算 [J]. 经济研究，2012（4）：4 – 14.

[32] 匡远配，彭莹，魏金义，等. 中国农村基础设施建设融资模式分析 [J]. 湖南农业科学，2009（2）：152 – 154.

[33] 类承曜. 代理成本、外部性与我国地方政府投融资平台过度举债 [J]. 宏观经济研究，2011（10）.

[34] 类承曜. 我国地方政府债务增长的原因：制度性解释框架 [J]. 经济研究参考，2011（38）：23 – 32.

[35] 李春玲，张玉清. 对基础设施建设中引入 BOT 方式的探讨 [J]. 当代财经，2001（6）：73 – 75.

[36] 李虎. 我国地方政府债务管理研究 [J]. 财经问题研究，2013（s1）：137 – 140.

[37] 李萍. 地方政府债务管理：国际比较与借鉴 [M]. 北京：中国财政经济出版社，2009.

[38] 李秋婵. 跨期预算约束下地方政府债务规模的实证研究 [J]. 统计与决策，2015（10）：144 – 146.

[39] 李永刚. 中国地方政府债务负担及化解对策 [J]. 上海财经大学学报，2011（2）：77 – 83.

[40] 刘昊，刘志彪. 地方政府债务风险有多高？——基于现实、潜在及引致风险的分析 [J]. 上海财经大学学报，2013，15（6）：

72 – 79.

［41］刘昊，张月友等．地方政府融资平台的债务特点及其风险分析——以东部 S 省为例［J］．财经研究，2013（5）：123 – 133.

［42］刘骅，卢亚娟．转型期地方政府投融资平台债务风险分析与评价［J］．财贸经济，2016，37（5）.

［43］刘立峰．地方政府建设性债务的可持续性［J］．宏观经济研究，2009（11）：46 – 50.

［44］刘荣，黄洪．我国地方政府债务风险的度量、评估与释放［J］．经济理论与经济管理，2012（1）：82 – 88.

［45］刘尚希．公共支出范围：分析与界定［J］．经济研究，2002（6）：77 – 85.

［46］刘尚希．"十二五"时期我国地方政府债务压力测试研究［J］．经济研究参考，2012（8）：3 – 58.

［47］刘尚希．中国财政风险的制度特征："风险大锅饭"［J］．管理世界，2004（5）：39 – 44.

［48］刘天．我国地方政府债务形成原因分析及其应对策略［J］．沈阳农业大学学报（社会科学版），2013，15（6）：662 – 664.

［49］刘毅．关于基础设施建设的资金来源结构分析［J］．经营管理者，2015（1Z）.

［50］卢馨，欧阳渺，于晓曼．东部发达地区地方政府债务风险评估——以地方政府资产负债表为基础［J］．管理现代化，2016，36（4）.

［51］吕健．地方债务对经济增长的影响分析——基于流动性的视角［J］．中国工业经济，2015（11）：16 – 31.

［52］马德功，马敏捷．地方政府债务风险防控机制实证分析——基于 KMV 模型对四川省地方债风险评估［J］．西南民族大学学报（人文社科版），2015（2）：139 – 144.

［53］马金华，宋晓丹．地方政府债务：过去、现在和未来［J］．中央财经大学学报，2014（8）：16 – 21.

［54］马俊，刘亚平．中国地方政府财政风险研究："逆向软预算

约束"理论的视角 [J]. 学术研究, 2005 (11).

[55] 缪小林, 伏润民. 地方政府债务风险的内涵与生成: 一个文献综述及权责时空分离下的思考 [J]. 经济学家, 2013 (8): 90 - 101.

[56] 莫兰琼, 陶凌云. 我国地方政府债务分析 [J]. 上海经济研究, 2012 (8).

[57] 欧阳华生, 裴育. 我国地方政府债务的区域比较分析 [J]. 财经论丛, 2006 (1): 13 - 18.

[58] 潘文轩. 地方政府投融资平台运行风险及其化解 [J]. 地方财政研究, 2010 (4): 4 - 8.

[59] 庞晓波, 李丹. 中国经济景气变化与政府债务风险 [J]. 经济研究, 2015 (10): 18 - 33.

[60] 钱家骏, 毛利本. 要重视国名经济基础设施的研究和改善 [J]. 经济管理, 1981 (3): 12 - 15.

[61] 阮佩婷. 地方政府融资平台债务风险评估及对策研究——基于中部某国家级高新区的实证分析 [J]. 财政研究, 2013 (4): 65 - 69.

[62] 睢党臣, 李盼. 我国地方政府债务问题研究——基于财政风险视角下的动态可持续性分析 [J]. 云南财经大学学报, 2013 (5).

[63] 孙丽华. 我国地方政府债务管理的风险管控 [J]. 财政监督, 2015 (10): 60 - 62.

[64] 汤澄. 市政设施高效维护与管理探究 [J]. 城市建设理论研究: 电子版, 2016, 6 (7).

[65] 唐祥来, 杨娟娟. 农业基础设施建设 PPP 模式的投资激励决策机制 [J]. 农业技术经济, 2012 (10): 112 - 119.

[66] 陶雄华. 分析中国地方政府债务债券化 [J]. 财贸经济, 2002 (12).

[67] 汪辰辰. 地方政府债务形成原因 [J]. 企业导报, 2014 (4): 19 - 20.

[68] 王建军, 周晓唯. 中国地方政府债务融资行为研究 [J]. 社会科学家, 2013 (6): 71 - 74.

[69] 王学凯，黄瑞玲．基于 KMV 模型的地方政府债务违约风险分析——以长三角地区为例 [J]．上海经济研究，2015（4）：62 – 69．

[70] 王蕴波，景宏军．地方债管理模式与构建地方政府资产负债管理能力探析 [J]．经济与管理研究，2012（6）：71 – 57．

[71] 吴俊培，李森焱．中国地方政府债务风险及防范研究——基于对中西部地方债务的调研 [J]．财政研究，2013（6）：25 – 30．

[72] 武云．近代广东省地方政府债务及启示 [J]．社会科学家，2015（2）：142 – 146．

[73] 徐建国，张勋．中国政府债务的状况、投向和风险分析 [J]．南方经济，2013，31（1）：14 – 34．

[74] 徐进前，王珊珊．借鉴国外经验做好地方政府债务管理 [J]．中国金融，2011（18）：48 – 49．

[75] 薛军，闻勇．地方政府债务管理：模式选择与制度借鉴 [J]．当代经济管理，2015，37（2）：87 – 93．

[76] 杨大光，李存．地方政府投融资平台的债务规模、风险及化解对策 [J]．当代经济研究，2014（9）：81 – 86．

[77] 杨贺龙．PPP 模式下政府投融资体制改革和平台公司转型的思考 [J]．中国建设信息化，2016（2）：41 – 43．

[78] 杨洁．政治控制、财政分权与国有银行信贷风险 [J]．地方财经研究，2010（11）：44 – 47．

[79] 杨胜刚．政府信用评级与市政债发债规模探讨 [J]．现代财经：天津财经学院学报，2011（5）：29 – 35．

[80] 尹恒，黄勣，鲁勰铮．政府跨时约束是否满足——基于中国数据的检验 [J]．北京师范大学学报（社会科学版），2008（1）．

[81] 尹启华，陈志斌．国家治理视域下我国地方政府债务管理制度的演进及启示 [J]．当代财经，2016（6）．

[82] 于海峰，崔迪．防范与化解地方政府债务风险问题研究 [J]．财政研究，2010（6）．

[83] 余逸蕙．浅谈审计视角下的地方政府债务管理 [J]．时代金融旬刊，2014（1Z）：58．

［84］曾伟，郑汉金．中小型城市基础设施建设投融资平台发展与创新研究［J］．财会通讯，2012（24）：111 - 113.

［85］张宏安．新中国地方政府债务史考［J］．财政研究，2011（10）.

［86］张欢．基础设施建设 PPP 模式的风险分担机制与国际经验借鉴［J］．甘肃金融，2015（1）：54 - 55.

［87］张军，高远付，傅勇，等．中国为什么拥有了良好的基础设施［J］．经济研究，2007（3）：4 - 19.

［88］张磊．交通基础设施建设 PPP 模式中政府的监管［J］．今日湖北旬刊，2015（9）.

［89］张旭，龚睿，甘莉．基于 KMV 模型的我国地方债适度规模研究［J］．商业时代，2011（28）：45 - 46.

［90］张雪兰，何德旭．关于完善我国地方政府金融管理体制的思考［J］．财贸经济，2011（7）：38 - 47，135 - 136. DOI：10. 19795/j. cnki. cn11 - 1166/f. 2011. 07. 006.

［91］张曾莲，王艳冰．土地财政、政绩利益环境与地方政府债务［J］．山西财经大学学报，2016（10）.

［92］钟培武．城镇基础设施建设投融资：地方债务治理与模式创新［J］．金融理论与实践，2014（7）：69 - 73.

［93］朱文蔚，陈勇．我国地方政府债务风险评估及预警研究［J］．亚太经济，2015（1）：31 - 36.

［94］朱燕萍．地方政府投融资平台发展瓶颈及对策分析——基于交通基础设施建设类的投融资平台［J］．交通财会，2015（3）：20 - 23.

［95］A Alesina，G Tabellini. A Positive Theory of Fiscal Deficits and Government Debt［J］. Review of Economic Studies，1990，57（3）：403 - 414.

［96］Bahl R，Duncombe W. State and Local Debt Burdens in the 1980s：A Study in Contract［J］. Public Administration Review，1993，53（1）.

［97］Bahl R，Duncombe W. State and Local Debt Burdens in the

1980s: A Study in Contrast [J]. Public Administration Review, 1993, 53 (1): 31 –40.

[98] Balaguercoll MT, Prior D, Tortosaausina E. On the Determinants of Local Government Debt: Does One Size Fit All? [J]. International Public Management Journal, 2015: 513 –542.

[99] Baum, A. , C. Checherita – Westphal, and P. Rother. Debt and Growth? New Evidence for the Euro Area [J]. Journal of International Money and Finance, 2013, 32: 809 –821.

[100] B. Dafflon. Local Debt: From Budget Responsibility to Fiscal Discipline [Z]. Paper Presented at the IEB 6th Symposium on Fiscal Federalism, Barcelona, 2010.

[101] Bird, R. , Tax Policy and Economic Development [J]. Baltimore: Johns Hopkins University Press, 1992.

[102] Boadway, Robin. The Imperative of Fiscal Sharing Transfers [J]. International Social Science Journal, 2002, 53 (167): 103 –110.

[103] Burger P, Hawkesworth I. How To Attain Value for Money: Comparing PPP and Traditional Infrastructure Public Procurement [J]. Oecd Journal on Budgeting, 2011, 11 (1): 4 –4.

[104] Clarke D. The Law of China's Local Government Debt Crisis: Local Government Financing Vehicles and Their Bonds [J]. Social Science Electronic Publishing, 2016.

[105] De Mello. Fiscal Decentralization and Intergovernmental Fiscal Relations: A Cross – Country Analysis [J]. World Development, 2000 (28): 365 –380.

[106] Elizabeth C, Jean J Dethier, Eriko T. Institutional Arrangements for Public Debt Management [J]. Policy Research Working Paper, 2003, 21 (2): 1 –84.

[107] Ellis M A, Schansberg D E. The Determinants of State Government Debt Financing [J]. Public Finance Review, 1999, 27 (6).

[108] Ellis M A, Schansberg, D E. The Determinants of State Gov-

ernment Debt Financing ［J］. Public Finance Review, 1999, 2 (76), 571 – 587.

［109］ Eslava M. The Political Economy of Fiscal Deficits: A Survey ［J］. Journal of Economic Surveys, 2011, 25 (4).

［110］ Faulk D, Killian L. Special Districts and Local Government Debt: An Analysis of "Old Northwest Territory" States ［J］. Public Budgeting & Finance, 2016.

［111］ Felix K. Rioja. Filling potholes: macroeconomic effects of maintenance versus new investment in public infrastructure ［J］. Journal of Public Economics, 2003 (87): 1281 – 1304.

［112］ Francisco B, Arielle B, Bernardino B. Electoral Cycles and Local Government Debt Management ［J］. Local Government Studies, 2013, 39 (1): 107 – 1322.

［113］ Gawlitta M, Kleinow J. Analysis of Infrastructure Financing by Debt Funds in the EU ［J］. Management Procurement & Law, 2015, 168 (1): 12 – 21.

［114］ Gras E, Hernandez J, M Palacios. An Explanation of Local Government Debt in Spain Based on Internal Control System ［J］. Journal of Local Self – Government, 2014, 12 (4).

［115］ Kiewiet D, Szakzty K. Constitutional Limitations on Borrowing: An Analysis of State Bonded Indebtedness ［J］. Journal of Law, Economics, and Organization, 1996, 12 (1).

［116］ Koppenjan JFM, Enserink B. Public – Private Partnerships in Urban Infrastructures: Reconciling Private Sector Participation and Sustainability ［J］. Public Administration Review, 2009, 69 (2): 284 – 296.

［117］ Lerner A P. Functional finance and the federal debt ［J］. Social Research, 1943, 10 (1): 38 – 51.

［118］ Lidén T, Joborn M. Dimensioning Windows for Railway Infrastructure Maintenance: Cost Efficiency Versus Traffic Impact ［J］. Journal of Rail Transport Planning & Management, 2016, 6 (1): 32 – 47.

［119］Liu H Z, You – Chuan X, School of Economics, Fudan Univeristy. Debt Rectification and Its Conditional Restructuring of Local Government Financing Platforms ［J］. Fudan Journal, 2016.

［120］Marcelo D, House S. Effects of Multilateral Support on Infrastructure PPP Contract Cancellation ［J］. Social Science Electronic Publishing, 2016.

［121］Martell C, Guess G. Development of Local Government Debt Financing Markets: Application of a Market – Based Framework ［J］. Public Budgeting & Finance, 2006, 26 (1): 88 – 119.

［122］McKinnon, Nechyba R T. Competition in Federal Systems: Political and financial Constraint ［J］. Stanford: Hoover Institution Press, 1997.

［123］M W Ng, Lin D Y, Waller S T. Optimal Long – Term Infrastructure Maintenance Planning Accounting for Traffic Dynamics ［J］. Computer – Aided Civil and Infrastructure Engineer, 2009, 24 (7): 459 – 469.

［124］Nice D C. The Impact of State Policies to Limit Debt Financing ［J］. Publics: The Journal of Federalism, 1991, 21 (1).

［125］Odolinski K, Smith ASJ. Assessing the Cost Impact of Competitive Tendering in Rail Infrastructure Maintenance Services: Evidence from the Swedish Reforms (1999 to 2011) ［J］. Journal of Transport Economics & Policy, 2014, 50 (1): 93 – 112.

［126］Polackova H. Contingent Government Liabilities: A Hidden Risk for Fiscal Stability ［J］. Policy Research Working Paper, 1998.

［127］QIN W B, WANG L R, LI CY. Sustainability of US Government Public Debt—An Empirical Research Based on ADL Model ［J］. Journal of Northeastern University, 2016.

［128］Reinharl C M, Reinhart V R, and Rogoff K S. Public Debt Overhangs: Advanced – Economy Episodes since 1800 ［J］. Journal of Economic Perspectives, 2011, 26 (3): 69 – 86.

［129］Reinhart C M, and Rogoff K. Growth in a Time of Debt ［J］.

American Economic Review, 2010, 100 (2): 573 – 578.

[130] Ricardo, D. From the principles of political economy and taxation. In Readings in the economics of the division of labor: The classical tradition, 2005, 127 – 130.

[131] Roubini N, Sachs J D. Political and Economic Determinants of Budget Deficits in the Industrial Democracies [J]. European Economic Review, 189, 33 (5).

[132] Shantayanan D, Vinaya S and Heng Z. The Composition of Public Expenditure and Economic Growth [J]. Journal of Monetary Economics, 1996 (37): 313 – 344.

[133] Sharma C. Determinants of PPP in Infrastructure in Developing Economies [J]. Transforming Government People Process & Policy, 2013, 6 (2): 149 – 166.

[134] The World Bank. World Development Report 1994: Infrastructure for Development [M]. The World Bank, 1994.

[135] Ulutaş D, Kara G, Cömert Ç. Semantic Definition and Matching for Implementing National Spatial Data Infrastructures [J]. Spatial Science, 2016: 1 – 19.

[136] Vasvári T. The Financial Management of Local Governments in 2011 in Light of the Crowding-out effect of their debt service [J]. Public Finance Quarterly, 2013, LVIII (3): 310 – 335.

[137] Wheat P, Smith ASJ. Assessing the Marginal Infrastructure Maintenance Wear and Tear Costs for Britain's Railway Network [J]. Journal of Transport Economics & Policy, 2008, 42 (2): 189 – 224.

[138] Wildasin, D. Externalities and Bailouts: Hard and Soft Budget-Constraints in Intergovernmental Fiscal Relation [J]. Unpublished manuscript, 1997.

[139] Zou PXW, Wang S, Fang D. A life-cycle risk management framework for PPP infrastructure projects [J]. Journal of Financial Management of Property & construction, 2008, 13 (2): 123 – 142.